# CHIRGHISO
## VOCABOLARIO

**PER STUDIO AUTODIDATTICO**

# ITALIANO-CHIRGHISO

Le parole più utili
Per ampliare il proprio lessico e affinare
le proprie abilità linguistiche

**5000 parole**

## Vocabolario Italiano-Chirghiso per studio autodidattico - 5000 parole
Di Andrey Taranov

I vocabolari T&P Books si propongono come strumento di aiuto per apprendere, memorizzare e revisionare l'uso di termini stranieri. Il dizionario si divide in vari argomenti che includono la maggior parte delle attività quotidiane, tra cui affari, scienza, cultura, ecc.

Il processo di apprendimento delle parole attraverso i dizionari divisi in liste tematiche della collana T&P Books offre i seguenti vantaggi:

- Le fonti d'informazione correttamente raggruppate garantiscono un buon risultato nella memorizzazione delle parole
- La possibilità di memorizzare gruppi di parole con la stessa radice (piuttosto che memorizzarle separatamente)
- Piccoli gruppi di parole facilitano il processo di apprendimento per associazione, utile al potenziamento lessicale
- Il livello di conoscenza della lingua può essere valutato attraverso il numero di parole apprese

Copyright © 2018 T&P Books Publishing

Tutti i diritti riservati. Nessuna parte del presente volume può essere riprodotta o trasmessa in qualsiasi forma o con qualsiasi mezzo elettronico, meccanico, fotocopie, registrazioni o riproduzioni senza l'autorizzazione scritta dell'editore.

T&P Books Publishing
www.tpbooks.com

ISBN: 978-1-78767-034-1

Questo libro è disponibile anche in formato e-book.
Visitate il sito www.tpbooks.com o le principali librerie online.

# VOCABOLARIO CHIRGHISO
## per studio autodidattico

I vocabolari T&P Books si propongono come strumento di aiuto per apprendere, memorizzare e revisionare l'uso di termini stranieri. Il vocabolario contiene oltre 5000 parole di uso comune ordinate per argomenti.

- Il vocabolario contiene le parole più comunemente usate
- È consigliato in aggiunta ad un corso di lingua
- Risponde alle esigenze degli studenti di lingue straniere sia essi principianti o di livello avanzato
- Pratico per un uso quotidiano, per gli esercizi di revisione e di autovalutazione
- Consente di valutare la conoscenza del proprio lessico

**Caratteristiche specifiche del vocabolario:**

- Le parole sono ordinate secondo il proprio significato e non alfabeticamente
- Le parole sono riportate in tre colonne diverse per facilitare il metodo di revisione e autovalutazione
- I gruppi di parole sono divisi in sottogruppi per facilitare il processo di apprendimento
- Il vocabolario offre una pratica e semplice trascrizione fonetica per ogni termine straniero

**Il vocabolario contiene 155 argomenti tra cui:**

Concetti di Base, Numeri, Colori, Mesi, Stagioni, Unità di Misura, Abbigliamento e Accessori, Cibo e Alimentazione, Ristorante, Membri della Famiglia, Parenti, Personalità, Sentimenti, Emozioni, Malattie, Città, Visita Turistica, Acquisti, Denaro, Casa, Ufficio, Lavoro d'Ufficio, Import-export, Marketing, Ricerca di un Lavoro, Sport, Istruzione, Computer, Internet, Utensili, Natura, Paesi, Nazionalità e altro ancora ...

T&P Books. Vocabolario Italiano-Chirghiso per studio autodidattico - 5000 parole

# INDICE

| | |
|---|---|
| **Guida alla pronuncia** | 9 |
| **Abbreviazioni** | 10 |

| | |
|---|---|
| **CONCETTI DI BASE** | 11 |
| **Concetti di base. Parte 1** | 11 |
| 1. Pronomi | 11 |
| 2. Saluti. Convenevoli. Saluti di congedo | 11 |
| 3. Come rivolgersi | 12 |
| 4. Numeri cardinali. Parte 1 | 12 |
| 5. Numeri cardinali. Parte 2 | 13 |
| 6. Numeri ordinali | 14 |
| 7. Numeri. Frazioni | 14 |
| 8. Numeri. Operazioni aritmetiche di base | 14 |
| 9. Numeri. Varie | 14 |
| 10. I verbi più importanti. Parte 1 | 15 |
| 11. I verbi più importanti. Parte 2 | 16 |
| 12. I verbi più importanti. Parte 3 | 17 |
| 13. I verbi più importanti. Parte 4 | 18 |
| 14. Colori | 18 |
| 15. Domande | 19 |
| 16. Preposizioni | 20 |
| 17. Parole grammaticali. Avverbi. Parte 1 | 20 |
| 18. Parole grammaticali. Avverbi. Parte 2 | 22 |

| | |
|---|---|
| **Concetti di base. Parte 2** | 24 |
| 19. Giorni della settimana | 24 |
| 20. Ore. Giorno e notte | 24 |
| 21. Mesi. Stagioni | 25 |
| 22. Unità di misura | 27 |
| 23. Contenitori | 28 |

| | |
|---|---|
| **ESSERE UMANO** | 29 |
| **Essere umano. Il corpo umano** | 29 |
| 24. Testa | 29 |
| 25. Corpo umano | 30 |

| | |
|---|---|
| **Abbigliamento e Accessori** | 31 |
| 26. Indumenti. Soprabiti | 31 |
| 27. Men's & women's clothing | 31 |

| | |
|---|---|
| 28. Abbigliamento. Biancheria intima | 32 |
| 29. Copricapo | 32 |
| 30. Calzature | 32 |
| 31. Accessori personali | 33 |
| 32. Abbigliamento. Varie | 33 |
| 33. Cura della persona. Cosmetici | 34 |
| 34. Orologi da polso. Orologio | 35 |

## Cibo. Alimentazione  36

| | |
|---|---|
| 35. Cibo | 36 |
| 36. Bevande | 37 |
| 37. Verdure | 38 |
| 38. Frutta. Noci | 39 |
| 39. Pane. Dolci | 40 |
| 40. Pietanze cucinate | 40 |
| 41. Spezie | 41 |
| 42. Pasti | 42 |
| 43. Preparazione della tavola | 43 |
| 44. Ristorante | 43 |

## Famiglia, parenti e amici  44

| | |
|---|---|
| 45. Informazioni personali. Moduli | 44 |
| 46. Membri della famiglia. Parenti | 44 |

## Medicinali  46

| | |
|---|---|
| 47. Malattie | 46 |
| 48. Sintomi. Cure. Parte 1 | 47 |
| 49. Sintomi. Cure. Parte 2 | 48 |
| 50. Sintomi. Cure. Parte 3 | 49 |
| 51. Medici | 50 |
| 52. Medicinali. Farmaci. Accessori | 50 |

## HABITAT UMANO  52
## Città  52

| | |
|---|---|
| 53. Città. Vita di città | 52 |
| 54. Servizi cittadini | 53 |
| 55. Cartelli | 54 |
| 56. Mezzi pubblici in città | 55 |
| 57. Visita turistica | 56 |
| 58. Acquisti | 57 |
| 59. Denaro | 58 |
| 60. Posta. Servizio postale | 59 |

## Abitazione. Casa  60

| | |
|---|---|
| 61. Casa. Elettricità | 60 |

| | |
|---|---|
| 62. Villa. Palazzo | 60 |
| 63. Appartamento | 60 |
| 64. Arredamento. Interno | 61 |
| 65. Biancheria da letto | 62 |
| 66. Cucina | 62 |
| 67. Bagno | 63 |
| 68. Elettrodomestici | 64 |

## ATTIVITÀ UMANA

**Lavoro. Affari. Parte 1**

65
65

| | |
|---|---|
| 69. Ufficio. Lavorare in ufficio | 65 |
| 70. Operazioni d'affari. Parte 1 | 66 |
| 71. Operazioni d'affari. Parte 2 | 67 |
| 72. Attività produttiva. Lavori | 68 |
| 73. Contratto. Accordo | 69 |
| 74. Import-export | 70 |
| 75. Mezzi finanziari | 70 |
| 76. Marketing | 71 |
| 77. Pubblicità | 72 |
| 78. Attività bancaria | 72 |
| 79. Telefono. Conversazione telefonica | 73 |
| 80. Telefono cellulare | 74 |
| 81. Articoli di cancelleria | 74 |
| 82. Generi di attività commerciali | 75 |

**Lavoro. Affari. Parte 2** 77

| | |
|---|---|
| 83. Spettacolo. Mostra | 77 |
| 84. Scienza. Ricerca. Scienziati | 78 |

**Professioni e occupazioni** 80

| | |
|---|---|
| 85. Ricerca di un lavoro. Licenziamento | 80 |
| 86. Gente d'affari | 80 |
| 87. Professioni amministrative | 81 |
| 88. Professioni militari e gradi | 82 |
| 89. Funzionari. Sacerdoti | 83 |
| 90. Professioni agricole | 83 |
| 91. Professioni artistiche | 84 |
| 92. Professioni varie | 84 |
| 93. Attività lavorative. Condizione sociale | 86 |

**Istruzione** 87

| | |
|---|---|
| 94. Scuola | 87 |
| 95. Istituto superiore. Università | 88 |
| 96. Scienze. Discipline | 89 |
| 97. Sistema di scrittura. Ortografia | 89 |
| 98. Lingue straniere | 90 |

Ristorante. Intrattenimento. Viaggi 92

99. Escursione. Viaggio 92
100. Hotel 92

ATTREZZATURA TECNICA. MEZZI DI TRASPORTO 94
Attrezzatura tecnica 94

101. Computer 94
102. Internet. Posta elettronica 95
103. Elettricità 96
104. Utensili 96

Mezzi di trasporto 99

105. Aeroplano 99
106. Treno 100
107. Nave 101
108. Aeroporto 102

Situazioni quotidiane 104

109. Vacanze. Evento 104
110. Funerali. Sepoltura 105
111. Guerra. Soldati 105
112. Guerra. Azioni militari. Parte 1 107
113. Guerra. Azioni militari. Parte 2 108
114. Armi 109
115. Gli antichi 111
116. Il Medio Evo 112
117. Leader. Capo. Le autorità 113
118. Infrangere la legge. Criminali. Parte 1 114
119. Infrangere la legge. Criminali. Parte 2 115
120. Polizia. Legge. Parte 1 116
121. Polizia. Legge. Parte 2 117

LA NATURA 119
La Terra. Parte 1 119

122. L'Universo 119
123. La Terra 120
124. Punti cardinali 121
125. Mare. Oceano 121
126. Nomi dei mari e degli oceani 122
127. Montagne 123
128. Nomi delle montagne 124
129. Fiumi 124
130. Nomi dei fiumi 125
131. Foresta 125
132. Risorse naturali 126

7

## La Terra. Parte 2     128

133. Tempo     128
134. Rigide condizioni metereologiche. Disastri naturali     129

## Fauna     130

135. Mammiferi. Predatori     130
136. Animali selvatici     130
137. Animali domestici     131
138. Uccelli     132
139. Pesci. Animali marini     134
140. Anfibi. Rettili     134
141. Insetti     135

## Flora     136

142. Alberi     136
143. Arbusti     136
144. Frutti. Bacche     137
145. Fiori. Piante     138
146. Cereali, granaglie     139

## PAESI. NAZIONALITÀ     140

147. Europa occidentale     140
148. Europa centrale e orientale     140
149. Paesi dell'ex Unione Sovietica     141
150. Asia     141
151. America del Nord     142
152. America centrale e America del Sud     142
153. Africa     143
154. Australia. Oceania     143
155. Città     143

## GUIDA ALLA PRONUNCIA

| Alfabeto fonetico T&P | Esempio chirghiso | Esempio italiano |
|---|---|---|
| [a] | манжа [mandʒa] | macchia |
| [e] | келечек [keletʃek] | meno, leggere |
| [i] | жигит [dʒigit] | vittoria |
| [ı] | кубаныч [kubanıtʃ] | tattica |
| [o] | мактоо [maktoo] | notte |
| [u] | узундук [uzunduk] | prugno |
| [ʉ] | алюминий [alʉminij] | aiutare |
| [y] | түнкү [tynky] | luccio |
| | | |
| [b] | ашкабак [aʃkabak] | bianco |
| [d] | адам [adam] | doccia |
| [dʒ] | жыгач [dʒıgatʃ] | piangere |
| [f] | флейта [flejta] | ferrovia |
| [g] | тегерек [tegerek] | guerriero |
| [j] | бөйрөк [bøjrøk] | New York |
| [k] | карапа [karapa] | cometa |
| [l] | алтын [altın] | saluto |
| [m] | бешмант [beʃmant] | mostra |
| [n] | найза [najza] | notte |
| [ŋ] | булуң [buluŋ] | anche |
| [p] | пайдубал [pajdubal] | pieno |
| [r] | рахмат [raxmat] | ritmo, raro |
| [s] | сагызган [sagızgan] | sapere |
| [ʃ] | бурулуш [buruluʃ] | ruscello |
| [t] | түтүн [tytyn] | tattica |
| [x] | пахтадан [paxtadan] | hobby |
| [ts] | шприц [ʃprits] | calzini |
| [tʃ] | биринчи [birintʃi] | cinque |
| [v] | квартал [kvartal] | volare |
| [z] | казуу [kazuu] | rosa |
| [ʲ] | руль, актёр [rulʲ, aktʲor] | segno di palatalizzazione |
| [ʰ] | объектив [obʰjektiv] | Jer dura |

# ABBREVIAZIONI
usate nel vocabolario

## Italiano. Abbreviazioni

| | | |
|---|---|---|
| agg | - | aggettivo |
| anim. | - | animato |
| avv | - | avverbio |
| cong | - | congiunzione |
| ecc. | - | eccetera |
| f | - | sostantivo femminile |
| f pl | - | femminile plurale |
| fem. | - | femminile |
| form. | - | formale |
| inanim. | - | inanimato |
| inform. | - | familiare |
| m | - | sostantivo maschile |
| m pl | - | maschile plurale |
| m, f | - | maschile, femminile |
| masc. | - | maschile |
| mil. | - | militare |
| pl | - | plurale |
| pron | - | pronome |
| qc | - | qualcosa |
| qn | - | qualcuno |
| sing. | - | singolare |
| v aus | - | verbo ausiliare |
| vi | - | verbo intransitivo |
| vi, vt | - | verbo intransitivo, transitivo |
| vr | - | verbo riflessivo |
| vt | - | verbo transitivo |

# CONCETTI DI BASE

## Concetti di base. Parte 1

### 1. Pronomi

| | | |
|---|---|---|
| io | мен, мага | men, maga |
| tu | сен | sen |
| egli, ella, esso, essa | ал | al |
| loro | алар | alar |

### 2. Saluti. Convenevoli. Saluti di congedo

| | | |
|---|---|---|
| Salve! | Салам! | salam! |
| Buongiorno! | Саламатсызбы! | salamatsızbı! |
| Buongiorno! (la mattina) | Кутман таңыңыз менен! | kutman taŋıŋız menen! |
| Buon pomeriggio! | Кутман күнүңүз менен! | kutman kynyŋyz menen! |
| Buonasera! | Кутман кечиңиз менен! | kutman ketʃiŋiz menen! |
| | | |
| salutare (vt) | учурашуу | utʃuraʃuu |
| Ciao! Salve! | Кандай! | kandaj! |
| saluto (m) | салам | salam |
| salutare (vt) | саламдашуу | salamdaʃuu |
| Come sta? Come stai? | Иштериң кандай? | iʃteriŋ kandaj? |
| Come sta? | Иштериңиз кандай? | iʃteriŋiz kandaj? |
| Come stai? | Иштер кандай? | iʃter kandaj? |
| Che c'è di nuovo? | Эмне жаңылык? | emne dʒaŋılık? |
| | | |
| Arrivederci! | Көрүшкөнчө! | køryʃkøntʃø! |
| A presto! | Эмки жолукканга чейин! | emki dʒolukkanga tʃejin! |
| Addio! (inform.) | Кош бол! | koʃ bol! |
| Addio! (form.) | Кош болуңуз! | koʃ boluŋuz! |
| congedarsi (vr) | коштошуу | koʃtoʃuu |
| Ciao! (A presto!) | Жакшы кал! | dʒakʃı kal! |
| | | |
| Grazie! | Рахмат! | raxmat! |
| Grazie mille! | Чоң рахмат! | tʃoŋ raxmat! |
| Prego | Эч нерсе эмес | etʃ nerse emes |
| Non c'è di che! | Алкышка арзыбайт | alkıʃka arzıbajt |
| Di niente | Эчтеке эмес. | etʃteke emes |
| | | |
| Scusa! | Кечир! | ketʃir! |
| Scusi! | Кечирип коюңузчу! | ketʃirip kojʉŋuztʃu! |
| scusare (vt) | кечирүү | ketʃiryy |
| | | |
| scusarsi (vr) | кечирим суроо | ketʃirim suroo |
| Chiedo scusa | Кечирим сурайм. | ketʃirim surajm |

| Mi perdoni! | Кечиресиз! | ketʃiresiz! |
| perdonare (vt) | кечирүү | ketʃiryy |
| Non fa niente | Эч капачылык жок. | etʃ kapatʃılık dʒok |
| per favore | суранам | suranam |

| Non dimentichi! | Унутуп калбаңыз! | unutup kalbaŋız! |
| Certamente! | Албетте! | albette! |
| Certamente no! | Албетте жок! | albette dʒok! |
| D'accordo! | Макул! | makul! |
| Basta! | Жетишет! | dʒetiʃet! |

## 3. Come rivolgersi

| Mi scusi! | Кечиресиз! | ketʃiresiz! |
| signore | мырза | mırza |
| signora | айым | ajım |
| signorina | чоң кыз | tʃoŋ kız |
| signore | чоң жигит | tʃoŋ dʒigit |
| ragazzo | жаш бала | dʒaʃ bala |
| ragazza | кызым | kızım |

## 4. Numeri cardinali. Parte 1

| zero (m) | нөл | nøl |
| uno | бир | bir |
| due | эки | eki |
| tre | үч | ytʃ |
| quattro | төрт | tørt |

| cinque | беш | beʃ |
| sei | алты | altı |
| sette | жети | dʒeti |
| otto | сегиз | segiz |
| nove | тогуз | toguz |

| dieci | он | on |
| undici | он бир | on bir |
| dodici | он эки | on eki |
| tredici | он үч | on ytʃ |
| quattordici | он төрт | on tørt |

| quindici | он беш | on beʃ |
| sedici | он алты | on altı |
| diciassette | он жети | on dʒeti |
| diciotto | он сегиз | on segiz |
| diciannove | он тогуз | on toguz |

| venti | жыйырма | dʒıjırma |
| ventuno | жыйырма бир | dʒıjırma bir |
| ventidue | жыйырма эки | dʒıjırma eki |
| ventitre | жыйырма үч | dʒıjırma ytʃ |
| trenta | отуз | otuz |

| | | |
|---|---|---|
| trentuno | отуз бир | otuz bir |
| trentadue | отуз эки | otuz eki |
| trentatre | отуз үч | otuz ytʃ |
| | | |
| quaranta | кырк | kırk |
| quarantadue | кырк эки | kırk eki |
| quarantatre | кырк үч | kırk ytʃ |
| | | |
| cinquanta | элүү | elyy |
| cinquantuno | элүү бир | elyy bir |
| cinquantadue | элүү эки | elyy eki |
| cinquantatre | элүү үч | elyy ytʃ |
| | | |
| sessanta | алтымыш | altımıʃ |
| sessantuno | алтымыш бир | altımıʃ bir |
| sessantadue | алтымыш эки | altımıʃ eki |
| sessantatre | алтымыш үч | altımıʃ ytʃ |
| | | |
| settanta | жетимиш | dʒetimiʃ |
| settantuno | жетимиш бир | dʒetimiʃ bir |
| settantadue | жетимиш эки | dʒetimiʃ eki |
| settantatre | жетимиш үч | dʒetimiʃ ytʃ |
| | | |
| ottanta | сексен | seksen |
| ottantuno | сексен бир | seksen bir |
| ottantadue | сексен эки | seksen eki |
| ottantatre | сексен үч | seksen ytʃ |
| | | |
| novanta | токсон | tokson |
| novantuno | токсон бир | tokson bir |
| novantadue | токсон эки | tokson eki |
| novantatre | токсон үч | tokson ytʃ |

## 5. Numeri cardinali. Parte 2

| | | |
|---|---|---|
| cento | бир жүз | bir dʒyz |
| duecento | эки жүз | eki dʒyz |
| trecento | үч жүз | ytʃ dʒyz |
| quattrocento | төрт жүз | tørt dʒyz |
| cinquecento | беш жүз | beʃ dʒyz |
| | | |
| seicento | алты жүз | altı dʒyz |
| settecento | жети жүз | dʒeti dʒyz |
| ottocento | сегиз жүз | segiz dʒyz |
| novecento | тогуз жүз | toguz dʒyz |
| | | |
| mille | бир миң | bir miŋ |
| duemila | эки миң | eki miŋ |
| tremila | үч миң | ytʃ miŋ |
| diecimila | он миң | on miŋ |
| centomila | жүз миң | dʒyz miŋ |
| | | |
| milione (m) | миллион | million |
| miliardo (m) | миллиард | milliard |

## 6. Numeri ordinali

| | | |
|---|---|---|
| primo | биринчи | birintʃi |
| secondo | экинчи | ekintʃi |
| terzo | үчүнчү | ytʃyntʃy |
| quarto | төртүнчү | tørtyntʃy |
| quinto | бешинчи | beʃintʃi |
| | | |
| sesto | алтынчы | altıntʃı |
| settimo | жетинчи | dʒetintʃi |
| ottavo | сегизинчи | segizintʃi |
| nono | тогузунчу | toguzuntʃu |
| decimo | онунчу | onuntʃu |

## 7. Numeri. Frazioni

| | | |
|---|---|---|
| frazione (f) | бөлчөк | bøltʃøk |
| un mezzo | экиден бир | ekiden bir |
| un terzo | үчтөн бир | ytʃtøn bir |
| un quarto | төрттөн бир | tørttøn bir |
| | | |
| un ottavo | сегизден бир | segizden bir |
| un decimo | тогуздан бир | toguzdan bir |
| due terzi | үчтөн эки | ytʃtøn eki |
| tre quarti | төрттөн үч | tørttøn ytʃ |

## 8. Numeri. Operazioni aritmetiche di base

| | | |
|---|---|---|
| sottrazione (f) | кемитүү | kemityy |
| sottrarre (vt) | кемитүү | kemityy |
| divisione (f) | бөлүү | bølyy |
| dividere (vt) | бөлүү | bølyy |
| | | |
| addizione (f) | кошуу | koʃuu |
| addizionare (vt) | кошуу | koʃuu |
| aggiungere (vt) | кошуу | koʃuu |
| moltiplicazione (f) | көбөйтүү | købøjtyy |
| moltiplicare (vt) | көбөйтүү | købøjtyy |

## 9. Numeri. Varie

| | | |
|---|---|---|
| cifra (f) | санарип | sanarip |
| numero (m) | сан | san |
| numerale (m) | сан атооч | san atootʃ |
| meno (m) | кемитүү | kemityy |
| più (m) | плюс | plus |
| formula (f) | формула | formula |
| calcolo (m) | эсептөө | eseptøø |
| contare (vt) | саноо | sanoo |

| | | |
|---|---|---|
| calcolare (vt) | эсептөө | eseptöö |
| comparare (vt) | салыштыруу | salıʃtıruu |
| | | |
| Quanto? Quanti? | Канча? | kantʃa? |
| somma (f) | жыйынтык | dʒıjıntık |
| risultato (m) | натыйжа | natıjdʒa |
| resto (m) | калдык | kaldık |
| | | |
| qualche ... | бир нече | bir netʃe |
| un po' di ... | биртике | bir az |
| alcuni, pochi (non molti) | бир аз | bir az |
| poco (non molto) | кичине | kitʃine |
| resto (m) | калганы | kalganı |
| uno e mezzo | бир жарым | bir dʒarım |
| dozzina (f) | он эки даана | on eki daana |
| | | |
| in due | тең экиге | teŋ ekige |
| in parti uguali | тең | teŋ |
| metà (f), mezzo (m) | жарым | dʒarım |
| volta (f) | бир жолу | bir dʒolu |

## 10. I verbi più importanti. Parte 1

| | | |
|---|---|---|
| accorgersi (vr) | байкоо | bajkoo |
| afferrare (vt) | кармоо | karmoo |
| affittare (dare in affitto) | батирге алуу | batirge aluu |
| aiutare (vt) | жардам берүү | dʒardam beryy |
| amare (qn) | сүйүү | syjyy |
| | | |
| andare (camminare) | жөө басуу | dʒöö basuu |
| annotare (vt) | кагазга түшүрүү | kagazga tyʃyryy |
| appartenere (vi) | таандык болуу | taandık boluu |
| aprire (vt) | ачуу | atʃuu |
| arrivare (vi) | келүү | kelyy |
| aspettare (vt) | күтүү | kytyy |
| | | |
| avere (vt) | бар болуу | bar boluu |
| avere fame | ачка болуу | atʃka boluu |
| avere fretta | шашуу | ʃaʃuu |
| | | |
| avere paura | жазкануу | dʒazkanuu |
| avere sete | суусап калуу | suusap kaluu |
| avvertire (vt) | эскертүү | eskertyy |
| cacciare (vt) | аңчылык кылуу | aŋtʃılık kıluu |
| cadere (vi) | жыгылуу | dʒıgıluu |
| | | |
| cambiare (vt) | өзгөртүү | özgörtyy |
| capire (vt) | түшүнүү | tyʃynyy |
| cenare (vi) | кечки тамакты ичүү | ketʃki tamaktı itʃyy |
| cercare (vt) | ... издөө | ... izdöö |
| cessare (vt) | токтотуу | toktotuu |
| chiedere (~ aiuto) | чакыруу | tʃakıruu |
| chiedere (domandare) | суроо | suroo |
| cominciare (vt) | баштоо | baʃtoo |

| | | |
|---|---|---|
| comparare (vt) | салыштыруу | salıʃtıruu |
| confondere (vt) | адаштыруу | adaʃtıruu |
| conoscere (qn) | таануу | taanuu |
| | | |
| conservare (vt) | сактоо | saktoo |
| consigliare (vt) | кеңеш берүү | keŋeʃ beryy |
| contare (calcolare) | саноо | sanoo |
| contare su … | … ишенүү | … iʃenyy |
| continuare (vt) | улантуу | ulantuu |
| | | |
| controllare (vt) | башкаруу | baʃkaruu |
| correre (vi) | чуркоо | tʃurkoo |
| costare (vt) | туруу | turuu |
| creare (vt) | жаратуу | dʒaratuu |
| cucinare (vi) | тамак бышыруу | tamak bıʃıruu |

## 11. I verbi più importanti. Parte 2

| | | |
|---|---|---|
| dare (vt) | берүү | beryy |
| dare un suggerimento | четин чыгаруу | tʃetin tʃıgaruu |
| decorare (adornare) | кооздоо | koozdoo |
| difendere (~ un paese) | коргоо | korgoo |
| dimenticare (vt) | унутуу | unutuu |
| | | |
| dire (~ la verità) | айтуу | ajtuu |
| dirigere (compagnia, ecc.) | башкаруу | baʃkaruu |
| discutere (vt) | талкуулоо | talkuuloo |
| domandare (vt) | суроо | suroo |
| dubitare (vi) | күмөн саноо | kymøn sanoo |
| | | |
| entrare (vi) | кирүү | kiryy |
| esigere (vt) | талап кылуу | talap kıluu |
| esistere (vi) | чыгуу | tʃıguu |
| | | |
| essere (vi) | болуу | boluu |
| essere d'accordo | макул болуу | makul boluu |
| fare (vt) | кылуу | kıluu |
| fare colazione | эртең менен тамактануу | erteŋ menen tamaktanuu |
| | | |
| fare il bagno | сууга түшүү | suuga tyʃyy |
| fermarsi (vr) | токтоо | toktoo |
| fidarsi (vr) | ишенүү | iʃenyy |
| finire (vt) | бүтүрүү | bytyryy |
| firmare (~ un documento) | кол коюу | kol kojuu |
| | | |
| giocare (vi) | ойноо | ojnoo |
| girare (~ a destra) | бурулуу | buruluu |
| gridare (vi) | кыйкыруу | kıjkıruu |
| indovinare (vt) | жандырмагын табуу | dʒandırmagın tabuu |
| informare (vt) | маалымат берүү | maalımat beryy |
| | | |
| ingannare (vt) | алдоо | aldoo |
| insistere (vi) | көшөрүү | køʃøryy |
| insultare (vt) | кемсинтүү | kemsintyy |

| | | |
|---|---|---|
| interessarsi di … | … кызыгуу | … kızıguu |
| invitare (vt) | чакыруу | tʃakıruu |
| | | |
| lamentarsi (vr) | арызданyy | arızdanuu |
| lasciar cadere | түшүрүп алуу | tyʃyryp aluu |
| lavorare (vi) | иштөө | iʃtøø |
| leggere (vi, vt) | окуу | okuu |
| liberare (vt) | бошотуу | boʃotuu |

## 12. I verbi più importanti. Parte 3

| | | |
|---|---|---|
| mancare le lezioni | калтыруу | kaltıruu |
| mandare (vt) | жөнөтүү | dʒønøtyy |
| menzionare (vt) | айтып өтүү | ajtıp øtyy |
| minacciare (vt) | коркутуу | korkutuu |
| mostrare (vt) | көрсөтүү | kørsøtyy |
| | | |
| nascondere (vt) | жашыруу | dʒaʃıruu |
| nuotare (vi) | сүзүү | syzyy |
| obiettare (vt) | каршы болуу | karʃı boluu |
| occorrere (vimp) | керек болуу | kerek boluu |
| ordinare (~ il pranzo) | буйрутма кылуу | bujrutma kıluu |
| | | |
| ordinare (mil.) | буйрук кылуу | bujruk kıluu |
| osservare (vt) | байкоо салуу | bajkoo saluu |
| pagare (vi, vt) | төлөө | tøløø |
| parlare (vi, vt) | сүйлөө | syjløø |
| partecipare (vi) | катышуу | katıʃuu |
| | | |
| pensare (vi, vt) | ойлоо | ojloo |
| perdonare (vt) | кечирүү | ketʃiryy |
| permettere (vt) | уруксат берүү | uruksat beryy |
| piacere (vi) | жактыруу | dʒaktıruu |
| piangere (vi) | ыйлоо | ıjloo |
| | | |
| pianificare (vt) | пландаштыруу | plandaʃtıruu |
| possedere (vt) | ээ болуу | ee boluu |
| potere (v aus) | жасай алуу | dʒasaj aluu |
| pranzare (vi) | түштөнүү | tyʃtønyy |
| preferire (vt) | артык көрүү | artık køryy |
| | | |
| pregare (vi, vt) | дуба кылуу | duba kıluu |
| prendere (vt) | алуу | aluu |
| prevedere (vt) | күтүү | kytyy |
| promettere (vt) | убада берүү | ubada beryy |
| pronunciare (vt) | айтуу | ajtuu |
| | | |
| proporre (vt) | сунуштоо | sunuʃtoo |
| punire (vt) | жазалоо | dʒazaloo |
| raccomandare (vt) | сунуштоо | sunuʃtoo |
| ridere (vi) | күлүү | kylyy |
| rifiutarsi (vr) | баш тартуу | baʃ tartuu |
| rincrescere (vi) | өкүнүү | økynyy |
| ripetere (ridire) | кайталоо | kajtaloo |

| | | |
|---|---|---|
| riservare (vt) | камдык буйрутмалоо | kamdık bujrutmaloo |
| rispondere (vi, vt) | жооп берүү | dʒoop beryy |
| rompere (spaccare) | сындыруу | sındıruu |
| rubare (~ i soldi) | уурдоо | uurdoo |

## 13. I verbi più importanti. Parte 4

| | | |
|---|---|---|
| salvare (~ la vita a qn) | куткаруу | kutkaruu |
| sapere (vt) | билүү | bilyy |
| sbagliare (vi) | ката кетирүү | kata ketiryy |
| scavare (vt) | казуу | kazuu |
| scegliere (vt) | тандоо | tandoo |
| scendere (vi) | ылдый түшүү | ıldıj tyʃyy |
| scherzare (vi) | тамашалоо | tamaʃaloo |
| scrivere (vt) | жазуу | dʒazuu |
| scusare (vt) | кечирүү | ketʃiryy |
| scusarsi (vr) | кечирим суроо | ketʃirim suroo |
| sedersi (vr) | отуруу | oturuu |
| seguire (vt) | ... ээрчүү | ... eertʃyy |
| sgridare (vt) | урушуу | uruʃuu |
| significare (vt) | билдирүү | bildiryy |
| sorridere (vi) | жылмаюу | dʒılmadʒʉu |
| sottovalutare (vt) | баалабоо | baalaboo |
| sparare (vi) | атуу | atuu |
| sperare (vi, vt) | үмүттөнүү | ymyttønyy |
| spiegare (vt) | түшүндүрүү | tyʃyndyryy |
| studiare (vt) | окуу | okuu |
| stupirsi (vr) | таң калуу | taŋ kaluu |
| tacere (vi) | унчукпоо | untʃukpoo |
| tentare (vt) | аракет кылуу | araket kıluu |
| toccare (~ con le mani) | тийүү | tijyy |
| tradurre (vt) | которуу | kotoruu |
| trovare (vt) | таап алуу | taap aluu |
| uccidere (vt) | өлтүрүү | øltyryy |
| udire (percepire suoni) | угуу | uguu |
| unire (vt) | бириктирүү | biriktiryy |
| uscire (vi) | чыгуу | tʃıguu |
| vantarsi (vr) | мактануу | maktanuu |
| vedere (vt) | көрүү | køryy |
| vendere (vt) | сатуу | satuu |
| volare (vi) | учуу | utʃuu |
| volere (desiderare) | каалоо | kaaloo |

## 14. Colori

| | | |
|---|---|---|
| colore (m) | түс | tys |
| sfumatura (f) | кошумча түс | koʃumtʃa tys |

| | | |
|---|---|---|
| tono (m) | кубулуу | kubuluu |
| arcobaleno (m) | күндүн кулагы | kyndyn kulagı |
| | | |
| bianco (agg) | ак | ak |
| nero (agg) | кара | kara |
| grigio (agg) | боз | boz |
| | | |
| verde (agg) | жашыл | dʒaʃıl |
| giallo (agg) | сары | sarı |
| rosso (agg) | кызыл | kızıl |
| | | |
| blu (agg) | көк | køk |
| azzurro (agg) | көгүлтүр | køgyltyr |
| rosa (agg) | мала | mala |
| arancione (agg) | кызгылт сары | kızgılt sarı |
| violetto (agg) | сыя көк | sıja køk |
| marrone (agg) | күрөң | kyrøŋ |
| | | |
| d'oro (agg) | алтын түстүү | altın tystyy |
| argenteo (agg) | күмүш өңдүү | kymyʃ øŋdyy |
| | | |
| beige (agg) | сары боз | sarı boz |
| color crema (agg) | саргылт | sargılt |
| turchese (agg) | бирюза | birɥza |
| rosso ciliegia (agg) | кочкул кызыл | kotʃkul kızıl |
| lilla (agg) | кызгылт көгүш | kızgılt køgyʃ |
| rosso lampone (agg) | ачык кызыл | atʃık kızıl |
| | | |
| chiaro (agg) | ачык | atʃık |
| scuro (agg) | күңүрт | kyŋyrt |
| vivo, vivido (agg) | ачык | atʃık |
| | | |
| colorato (agg) | түстүү | tystyy |
| a colori | түстүү | tystyy |
| bianco e nero (agg) | ак-кара | ak-kara |
| in tinta unita | бир өңчөй түстө | bir øŋtʃøj tystø |
| multicolore (agg) | ар түрдүү түстө | ar tyrdyy tystø |

## 15. Domande

| | | |
|---|---|---|
| Chi? | Ким? | kım? |
| Che cosa? | Эмне? | emne? |
| Dove? (in che luogo?) | Каерде? | kaerde? |
| Dove? (~ vai?) | Каяка? | kajaka? |
| Di dove?, Da dove? | Каяктан? | kajaktan? |
| Quando? | Качан? | katʃan? |
| Perché? (per quale scopo?) | Эмне үчүн? | emne ytʃyn? |
| Perché? (per quale ragione?) | Эмнеге? | emnege? |
| | | |
| Per che cosa? | Кайсы керекке? | kajsı kerekke? |
| Come? | Кандай? | kandaj? |
| Che? (~ colore è?) | Кайсы? | kajsı? |
| Quale? | Кайсынысы? | kajsınısı? |
| A chi? | Кимге? | kimge? |

| Di chi? | Ким жөнүндө? | kim dʒønyndø? |
| Di che cosa? | Эмне жөнүндө? | emne dʒønyndø? |
| Con chi? | Ким менен? | kim menen? |

| Quanti?, Quanto? | Канча? | kantʃa? |
| Di chi? | Кимдики? | kimdiki? |
| Di chi? (fem.) | Кимдики? | kimdiki? |
| Di chi? (pl) | Кимдердики? | kimderdiki? |

## 16. Preposizioni

| con (tè ~ il latte) | менен | menen |
| senza | -сыз, -сиз | -sız, -siz |
| a (andare ~ ...) | ... көздөй | ... køzdøj |
| di (parlare ~ ...) | ... жөнүндө | ... dʒønyndø |
| prima di ... | ... астында | ... astında |
| di fronte a ... | ... алдында | ... aldında |

| sotto (avv) | ... астында | ... astında |
| sopra (al di ~) | ... өйдө | ... øjdø |
| su (sul tavolo, ecc.) | ... үстүндө | ... ystyndø |
| da, di (via da ..., fuori di ...) | -дан | -dan |
| di (fatto ~ cartone) | -дан | -dan |

| fra (~ dieci minuti) | ... ичинде | ... itʃinde |
| attraverso (dall'altra parte) | ... үстүнөн | ... ystynøn |

## 17. Parole grammaticali. Avverbi. Parte 1

| Dove? | Каерде? | kaerde? |
| qui (in questo luogo) | бул жерде | bul dʒerde |
| lì (in quel luogo) | тээтигил жакта | teetigil dʒakta |

| da qualche parte (essere ~) | бир жерде | bir dʒerde |
| da nessuna parte | эч жакта | etʃ dʒakta |

| vicino a ... | ... жанында | ... dʒanında |
| vicino alla finestra | терезенин жанында | terezenin dʒanında |

| Dove? | Каяка? | kajaka? |
| qui (vieni ~) | бери | beri |
| ci (~ vado stasera) | нары | narı |
| da qui | бул жерден | bul dʒerden |
| da lì | тигил жерден | tigil dʒerden |

| vicino, accanto (avv) | жакын | dʒakın |
| lontano (avv) | алыс | alıs |

| vicino (~ a Parigi) | ... тегерегинде | ... tegereginde |
| vicino (qui ~) | жакын арада | dʒakın arada |
| non lontano | алыс эмес | alıs emes |
| sinistro (agg) | сол | sol |

| | | |
|---|---|---|
| a sinistra (rimanere ~) | сол жакта | sol dʒakta |
| a sinistra (girare ~) | солго | solgo |
| | | |
| destro (agg) | оң | oŋ |
| a destra (rimanere ~) | оң жакта | oŋ dʒakta |
| a destra (girare ~) | оңго | oŋgo |
| | | |
| davanti | астыда | astıda |
| anteriore (agg) | алдыңкы | aldıŋkı |
| avanti | алдыга | aldıga |
| | | |
| dietro (avv) | артында | artında |
| da dietro | артынан | artınan |
| indietro | артка | artka |
| | | |
| mezzo (m), centro (m) | ортосу | ortosu |
| in mezzo, al centro | ортосунда | ortosunda |
| | | |
| di fianco | капталында | kaptalında |
| dappertutto | бүт жерде | byt dʒerde |
| attorno | айланасында | ajlanasında |
| | | |
| da dentro | ичинде | itʃinde |
| da qualche parte (andare ~) | бир жерде | bir dʒerde |
| dritto (direttamente) | түз | tyz |
| indietro | кайра | kajra |
| | | |
| da qualsiasi parte | бир жерден | bir dʒerden |
| da qualche posto (veniamo ~) | бир жактан | bir dʒaktan |
| | | |
| in primo luogo | биринчиден | birintʃiden |
| in secondo luogo | экинчиден | ekintʃiden |
| in terzo luogo | үчүнчүдөн | ytʃyntʃydøn |
| | | |
| all'improvviso | күтпөгөн жерден | kytpøgøn dʒerden |
| all'inizio | башында | baʃında |
| per la prima volta | биринчи жолу | birintʃi dʒolu |
| molto tempo prima di... | ... алдында | ... aldında |
| di nuovo | башынан | baʃınan |
| per sempre | түбөлүккө | tybølykkø |
| | | |
| mai | эч качан | etʃ katʃan |
| ancora | кайра | kajra |
| adesso | эми | emi |
| spesso (avv) | көпчүлүк учурда | køptʃylyk utʃurda |
| allora | анда | anda |
| urgentemente | тезинен | tezinen |
| di solito | көбүнчө | købyntʃø |
| | | |
| a proposito, ... | баса, ... | basa, ... |
| è possibile | мүмкүн | mymkyn |
| probabilmente | балким | balkim |
| forse | ыктымал | ıktımal |
| inoltre ... | андан тышкары, ... | andan tıʃkarı, ... |
| ecco perché ... | ошондуктан ... | oʃonduktan ... |

| | | |
|---|---|---|
| nonostante (~ tutto) | ... карабастан | ... karabastan |
| grazie a ... | ... күчү менен | ... kytʃy menen |
| | | |
| che cosa (pron) | эмне | emne |
| che (cong) | эмне | emne |
| qualcosa (qualsiasi cosa) | бир нерсе | bir nerse |
| qualcosa (le serve ~?) | бир нерсе | bir nerse |
| niente | эч нерсе | etʃ nerse |
| | | |
| chi (pron) | ким | kim |
| qualcuno (annuire a ~) | кимдир бирөө | kimdir birøø |
| qualcuno (dipendere da ~) | бирөө жарым | birøø dʒarım |
| | | |
| nessuno | эч ким | etʃ kim |
| da nessuna parte | эч жака | etʃ dʒaka |
| di nessuno | эч кимдики | etʃ kimdiki |
| di qualcuno | бирөөнүкү | birøønyky |
| | | |
| così (era ~ arrabbiato) | эми | emi |
| anche (penso ~ a ...) | ошондой эле | oʃondoj ele |
| anche, pure | дагы | dagı |

## 18. Parole grammaticali. Avverbi. Parte 2

| | | |
|---|---|---|
| Perché? | Эмнеге? | emnege? |
| per qualche ragione | эмнегедир | emnegedir |
| perché ... | ... себептен | ... sebepten |
| per qualche motivo | эмне үчүндүр | emne ytʃyndyr |
| | | |
| e (cong) | жана | dʒana |
| o (sì ~ no?) | же | dʒe |
| ma (però) | бирок | birok |
| per (~ me) | үчүн | ytʃyn |
| | | |
| troppo | өтө эле | øtø ele |
| solo (avv) | азыр эле | azır ele |
| esattamente | так | tak |
| circa (~ 10 dollari) | болжол менен | boldʒol menen |
| | | |
| approssimativamente | болжол менен | boldʒol menen |
| approssimativo (agg) | болжолдуу | boldʒolduu |
| quasi | дээрлик | deerlik |
| resto | калганы | kalganı |
| | | |
| l'altro (~ libro) | башка | baʃka |
| altro (differente) | башка бөлөк | baʃka bøløk |
| ogni (agg) | ар бири | ar biri |
| qualsiasi (agg) | баардык | baardık |
| molti, molto | көп | køp |
| molta gente | көбү | køby |
| tutto, tutti | баары | baarı |
| | | |
| in cambio di ... | ... алмашуу | ... almaʃuu |
| in cambio | ордуна | orduna |

| | | |
|---|---|---|
| a mano (fatto ~) | колго | kolgo |
| poco probabile | ишенүүгө болбойт | iʃenyygø bolbojt |
| | | |
| probabilmente | балким | balkim |
| apposta | атайын | atajın |
| per caso | кокустан | kokustan |
| | | |
| molto (avv) | аябай | ajabaj |
| per esempio | мисалы | misalı |
| fra (~ due) | ортосунда | ortosunda |
| fra (~ più di due) | арасында | arasında |
| tanto (quantità) | ошончо | oʃontʃo |
| soprattutto | өзгөчө | øzgøtʃø |

# Concetti di base. Parte 2

## 19. Giorni della settimana

| | | |
|---|---|---|
| lunedì (m) | дүйшөмбү | dyjʃømby |
| martedì (m) | шейшемби | ʃejʃembi |
| mercoledì (m) | шаршемби | ʃarʃembi |
| giovedì (m) | бейшемби | bejʃembi |
| venerdì (m) | жума | dʒuma |
| sabato (m) | ишенби | iʃenbi |
| domenica (f) | жекшемби | dʒekʃembi |
| | | |
| oggi (avv) | бүгүн | bygyn |
| domani | эртең | erteŋ |
| dopodomani | бирсүгүнү | birsygyny |
| ieri (avv) | кечээ | ketʃee |
| l'altro ieri | мурда күнү | murda kyny |
| | | |
| giorno (m) | күн | kyn |
| giorno (m) lavorativo | иш күнү | iʃ kyny |
| giorno (m) festivo | майрам күнү | majram kyny |
| giorno (m) di riposo | дем алыш күн | dem alıʃ kyn |
| fine (m) settimana | дем алыш күндөр | dem alıʃ kyndør |
| | | |
| tutto il giorno | күнү бою | kyny boju |
| l'indomani | кийинки күнү | kijinki kyny |
| due giorni fa | эки күн мурун | eki kyn murun |
| il giorno prima | жакында | dʒakında |
| quotidiano (agg) | күндө | kyndø |
| ogni giorno | күн сайын | kyn sajın |
| | | |
| settimana (f) | жума | dʒuma |
| la settimana scorsa | өткөн жумада | øtkøn dʒumada |
| la settimana prossima | келаткан жумада | kelatkan dʒumada |
| settimanale (agg) | жума сайын | dʒuma sajın |
| ogni settimana | жума сайын | dʒuma sajın |
| due volte alla settimana | жумасына эки жолу | dʒumasına eki dʒolu |
| ogni martedì | ар шейшемби | ar ʃejʃembi |

## 20. Ore. Giorno e notte

| | | |
|---|---|---|
| mattina (f) | таң | taŋ |
| di mattina | эртең менен | erteŋ menen |
| mezzogiorno (m) | жарым күн | dʒarım kyn |
| nel pomeriggio | түштөн кийин | tyʃtøn kijin |
| | | |
| sera (f) | кеч | ketʃ |
| di sera | кечинде | ketʃinde |

| | | |
|---|---|---|
| notte (f) | түн | tyn |
| di notte | түндө | tyndø |
| mezzanotte (f) | жарым түн | dʒarım tyn |
| | | |
| secondo (m) | секунда | sekunda |
| minuto (m) | мүнөт | mynøt |
| ora (f) | саат | saat |
| mezzora (f) | жарым саат | dʒarım saat |
| un quarto d'ora | чейрек саат | tʃejrek saat |
| quindici minuti | он беш мүнөт | on beʃ mynøt |
| ventiquattro ore | сутка | sutka |
| | | |
| levata (f) del sole | күндүн чыгышы | kyndyn tʃıgıʃı |
| alba (f) | таң агаруу | taŋ agaruu |
| mattutino (m) | таң эрте | taŋ erte |
| tramonto (m) | күн батуу | kyn batuu |
| | | |
| di buon mattino | таң эрте | taŋ erte |
| stamattina | бүгүн эртең менен | bygyn erteŋ menen |
| domattina | эртең эртең менен | erteŋ erteŋ menen |
| | | |
| oggi pomeriggio | күндүзү | kyndyzy |
| nel pomeriggio | түштөн кийин | tyʃtøn kijin |
| domani pomeriggio | эртең түштөн кийин | erteŋ tyʃtøn kijin |
| | | |
| stasera | бүгүн кечинде | bygyn ketʃinde |
| domani sera | эртең кечинде | erteŋ ketʃinde |
| | | |
| alle tre precise | туура саат үчтө | tuura saat ytʃtø |
| verso le quattro | болжол менен төрт саат | boldʒol menen tørt saat |
| per le dodici | саат он экиде | saat on ekide |
| | | |
| fra venti minuti | жыйырма мүнөттөн кийин | dʒıjırma mynøttøn kijin |
| fra un'ora | бир сааттан кийин | bir saattan kijin |
| puntualmente | өз убагында | øz ubagında |
| | | |
| un quarto di ... | ... он беш мүнөт калды | ... on beʃ mynøt kaldı |
| entro un'ora | бир сааттын ичинде | bir saattın itʃinde |
| ogni quindici minuti | он беш мүнөт сайын | on beʃ mynøt sajın |
| giorno e notte | бир сутка бою | bir sutka boju |

## 21. Mesi. Stagioni

| | | |
|---|---|---|
| gennaio (m) | январь | janvarʲ |
| febbraio (m) | февраль | fevralʲ |
| marzo (m) | март | mart |
| aprile (m) | апрель | aprelʲ |
| maggio (m) | май | maj |
| giugno (m) | июнь | ijunʲ |
| | | |
| luglio (m) | июль | ijulʲ |
| agosto (m) | август | avgust |
| settembre (m) | сентябрь | sentʲabrʲ |
| ottobre (m) | октябрь | oktʲabrʲ |

| | | |
|---|---|---|
| novembre (m) | ноябрь | nojabrʲ |
| dicembre (m) | декабрь | dekabrʲ |
| | | |
| primavera (f) | жаз | dʒaz |
| in primavera | жазында | dʒazɪnda |
| primaverile (agg) | жазгы | dʒazgɪ |
| | | |
| estate (f) | жай | dʒaj |
| in estate | жайында | dʒajɪnda |
| estivo (agg) | жайкы | dʒajkɪ |
| | | |
| autunno (m) | күз | kyz |
| in autunno | күзүндө | kyzyndø |
| autunnale (agg) | күздүк | kyzdyk |
| | | |
| inverno (m) | кыш | kiʃ |
| in inverno | кышында | kiʃinda |
| invernale (agg) | кышкы | kiʃkɪ |
| | | |
| mese (m) | ай | aj |
| questo mese | ушул айда | uʃul ajda |
| il mese prossimo | кийинки айда | kijinki ajda |
| il mese scorso | өткөн айда | øtkøn ajda |
| | | |
| un mese fa | бир ай мурун | bir aj murun |
| fra un mese | бир айдан кийин | bir ajdan kijin |
| fra due mesi | эки айдан кийин | eki ajdan kijin |
| un mese intero | ай бою | aj boju |
| per tutto il mese | толук бир ай | toluk bir aj |
| | | |
| mensile (rivista ~) | ай сайын | aj sajɪn |
| mensilmente | ай сайын | aj sajɪn |
| ogni mese | ар бир айда | ar bir ajda |
| due volte al mese | айына эки жолу | ajɪna eki dʒolu |
| | | |
| anno (m) | жыл | dʒɪl |
| quest'anno | бул жылы | bul dʒɪlɪ |
| l'anno prossimo | келаткан жылы | kelatkan dʒɪlɪ |
| l'anno scorso | өткөн жылы | øtkøn dʒɪlɪ |
| | | |
| un anno fa | бир жыл мурун | bir dʒɪl murun |
| fra un anno | бир жылдан кийин | bir dʒɪldan kijin |
| fra due anni | эки жылдан кийин | eki dʒɪldan kijin |
| un anno intero | жыл бою | dʒɪl bodʒu |
| per tutto l'anno | толук бир жыл | toluk bir dʒɪl |
| | | |
| ogni anno | ар жыл сайын | ar dʒɪl sajɪn |
| annuale (agg) | жыл сайын | dʒɪl sajɪn |
| annualmente | жыл сайын | dʒɪl sajɪn |
| quattro volte all'anno | жылына төрт жолу | dʒɪlɪna tørt dʒolu |
| | | |
| data (f) (~ di oggi) | число | tʃislo |
| data (f) (~ di nascita) | күн | kyn |
| calendario (m) | календарь | kalendarʲ |
| mezz'anno (m) | жарым жыл | dʒarɪm dʒɪl |
| semestre (m) | жарым чейрек | dʒarɪm tʃejrek |

| | | |
|---|---|---|
| stagione (f) (estate, ecc.) | мезгил | mezgil |
| secolo (m) | кылым | kılım |

## 22. Unità di misura

| | | |
|---|---|---|
| peso (m) | салмак | salmak |
| lunghezza (f) | узундук | uzunduk |
| larghezza (f) | жазылык | dʒazılık |
| altezza (f) | бийиктик | bijiktik |
| profondità (f) | терендик | terendik |
| volume (m) | келем | køløm |
| area (f) | аянт | ajant |
| | | |
| grammo (m) | грамм | gramm |
| milligrammo (m) | миллиграмм | milligramm |
| chilogrammo (m) | килограмм | kilogramm |
| tonnellata (f) | тонна | tonna |
| libbra (f) | фунт | funt |
| oncia (f) | унция | untsija |
| | | |
| metro (m) | метр | metr |
| millimetro (m) | миллиметр | millimetr |
| centimetro (m) | сантиметр | santimetr |
| chilometro (m) | километр | kilometr |
| miglio (m) | миля | mil'a |
| | | |
| pollice (m) | дюйм | dʉjm |
| piede (f) | фут | fut |
| iarda (f) | ярд | jard |
| | | |
| metro (m) quadro | квадраттык метр | kvadrattık metr |
| ettaro (m) | гектар | gektar |
| | | |
| litro (m) | литр | litr |
| grado (m) | градус | gradus |
| volt (m) | вольт | vol't |
| ampere (m) | ампер | amper |
| cavallo vapore (m) | ат кучу | at kytʃy |
| | | |
| quantità (f) | саны | sanı |
| un po' di … | … бир аз | … bir az |
| metà (f) | жарым | dʒarım |
| | | |
| dozzina (f) | он эки даана | on eki daana |
| pezzo (m) | даана | daana |
| | | |
| dimensione (f) | чондук | tʃondyk |
| scala (f) (modello in ~) | елчемчен | øltʃømtʃen |
| | | |
| minimo (agg) | минималдуу | minimalduu |
| minore (agg) | эң кичинекей | eŋ kitʃinekej |
| medio (agg) | орточо | ortotʃo |
| massimo (agg) | максималдуу | maksimalduu |
| maggiore (agg) | эң чоң | eŋ tʃoŋ |

## 23. Contenitori

| | | |
|---|---|---|
| barattolo (m) di vetro | банка | banka |
| latta, lattina (f) | банка | banka |
| secchio (m) | чака | tʃaka |
| barile (m), botte (f) | бочка | botʃka |
| | | |
| catino (m) | дагара | dagara |
| serbatoio (m) (per liquidi) | бак | bak |
| fiaschetta (f) | фляжка | flʲadʒka |
| tanica (f) | канистра | kanistra |
| cisterna (f) | цистерна | tsısterna |
| | | |
| tazza (f) | кружка | krudʒka |
| tazzina (f) (~ di caffé) | чейчек | tʃøjtʃøk |
| piattino (m) | табак | tabak |
| bicchiere (m) (senza stelo) | ыстакан | ıstakan |
| calice (m) | бокал | bokal |
| casseruola (f) | мискей | miskej |
| | | |
| bottiglia (f) | бөтөлкө | bøtølkø |
| collo (m) (~ della bottiglia) | оозу | oozu |
| | | |
| caraffa (f) | графин | grafin |
| brocca (f) | кумура | kumura |
| recipiente (m) | идиш | idiʃ |
| vaso (m) di coccio | карапа | karapa |
| vaso (m) di fiori | ваза | vaza |
| | | |
| boccetta (f) (~ di profumo) | флакон | flakon |
| fiala (f) | кичине бөтөлкө | kitʃine bøtølkø |
| tubetto (m) | тюбик | tubik |
| | | |
| sacco (m) (~ di patate) | кап | kap |
| sacchetto (m) (~ di plastica) | пакет | paket |
| pacchetto (m) (~ di sigarette, ecc.) | пачке | patʃke |
| | | |
| scatola (f) (~ per scarpe) | куту | kutu |
| cassa (f) (~ di vino, ecc.) | үкөк | ykøk |
| cesta (f) | себет | sebet |

# ESSERE UMANO

## Essere umano. Il corpo umano

### 24. Testa

| | | |
|---|---|---|
| testa (f) | баш | baʃ |
| viso (m) | бет | bet |
| naso (m) | мурун | murun |
| bocca (f) | ооз | ooz |
| | | |
| occhio (m) | көз | køz |
| occhi (m pl) | көздөр | køzdør |
| pupilla (f) | карек | karek |
| sopracciglio (m) | каш | kaʃ |
| ciglio (m) | кирпик | kirpik |
| palpebra (f) | кабак | kabak |
| | | |
| lingua (f) | тил | til |
| dente (m) | тиш | tiʃ |
| labbra (f pl) | эриндер | erinder |
| zigomi (m pl) | бет сөөгү | bet søøgy |
| gengiva (f) | тиш эти | tiʃ eti |
| palato (m) | таңдай | taŋdaj |
| | | |
| narici (f pl) | мурун тешиги | murun teʃigi |
| mento (m) | ээк | eek |
| mascella (f) | жаак | dʒaak |
| guancia (f) | бет | bet |
| | | |
| fronte (f) | чеке | tʃeke |
| tempia (f) | чыкый | tʃɪkɪj |
| orecchio (m) | кулак | kulak |
| nuca (f) | желке | dʒelke |
| collo (m) | моюн | mojʉn |
| gola (f) | тамак | tamak |
| | | |
| capelli (m pl) | чач | tʃatʃ |
| pettinatura (f) | чач жасоо | tʃatʃ dʒasoo |
| taglio (m) | чач кыркуу | tʃatʃ kɪrkuu |
| parrucca (f) | парик | parik |
| | | |
| baffi (m pl) | мурут | murut |
| barba (f) | сакал | sakal |
| portare (~ la barba, ecc.) | мурут коюу | murut kojʉu |
| treccia (f) | өрүм чач | ørym tʃatʃ |
| basette (f pl) | бакенбарда | bakenbarda |
| rosso (agg) | сары | sarı |
| brizzolato (agg) | ак чачтуу | ak tʃatʃtuu |

| | | |
|---|---|---|
| calvo (agg) | таз | taz |
| calvizie (f) | кашка | kaʃka |
| coda (f) di cavallo | куйрук | kujruk |
| frangetta (f) | көкүл | køkyl |

## 25. Corpo umano

| | | |
|---|---|---|
| mano (f) | беш манжа | beʃ mandʒa |
| braccio (m) | кол | kol |
| | | |
| dito (m) | манжа | mandʒa |
| dito (m) del piede | манжа | mandʒa |
| pollice (m) | бармак | barmak |
| mignolo (m) | чыпалак | tʃıpalak |
| unghia (f) | тырмак | tırmak |
| | | |
| pugno (m) | муштум | muʃtum |
| palmo (m) | алакан | alakan |
| polso (m) | билек | bilek |
| avambraccio (m) | каруу | karuu |
| gomito (m) | чыканак | tʃıkanak |
| spalla (f) | ийин | ijin |
| | | |
| gamba (f) | бут | but |
| pianta (f) del piede | таман | taman |
| ginocchio (m) | тизе | tize |
| polpaccio (m) | балтыр | baltır |
| anca (f) | сан | san |
| tallone (m) | согончок | sogontʃok |
| | | |
| corpo (m) | дене | dene |
| pancia (f) | курсак | kursak |
| petto (m) | төш | tøʃ |
| seno (m) | эмчек | emtʃek |
| fianco (m) | каптал | kaptal |
| schiena (f) | арка жон | arka dʒon |
| zona (f) lombare | бел | bel |
| vita (f) | бел | bel |
| | | |
| ombelico (m) | киндик | kindik |
| natiche (f pl) | жамбаш | dʒambaʃ |
| sedere (m) | көчүк | køtʃyk |
| | | |
| neo (m) | мең | meŋ |
| voglia (f) (~ di fragola) | кал | kal |
| tatuaggio (m) | татуировка | tatuirovka |
| cicatrice (f) | тырык | tırık |

# Abbigliamento e Accessori

## 26. Indumenti. Soprabiti

| | | |
|---|---|---|
| vestiti (m pl) | кийим | kijim |
| soprabito (m) | үстүңкү кийим | ystyŋky kijim |
| abiti (m pl) invernali | кышкы кийим | kıʃkı kijim |
| | | |
| cappotto (m) | пальто | palʲto |
| pelliccia (f) | тон | ton |
| pellicciotto (m) | чолок тон | tʃolok ton |
| piumino (m) | мамык олпок | mamık olpok |
| | | |
| giubbotto (m), giaccha (f) | күрмө | kyrmø |
| impermeabile (m) | плащ | plaʃtʃ |
| impermeabile (agg) | суу өткүс | suu øtkys |

## 27. Men's & women's clothing

| | | |
|---|---|---|
| camicia (f) | көйнөк | køjnøk |
| pantaloni (m pl) | шым | ʃım |
| jeans (m pl) | джинсы | dʒinsı |
| giacca (f) (~ di tweed) | бешмант | beʃmant |
| abito (m) da uomo | костюм | kostɯm |
| | | |
| abito (m) | көйнөк | køjnøk |
| gonna (f) | юбка | jɯbka |
| camicetta (f) | блузка | bluzka |
| giacca (f) a maglia | кофта | kofta |
| giacca (f) tailleur | кыска бешмант | kıska beʃmant |
| | | |
| maglietta (f) | футболка | futbolka |
| pantaloni (m pl) corti | чолок шым | tʃolok ʃım |
| tuta (f) sportiva | спорт кийими | sport kijimi |
| accappatoio (m) | халат | χalat |
| pigiama (m) | пижама | pidʒama |
| | | |
| maglione (m) | свитер | sviter |
| pullover (m) | пуловер | pulover |
| | | |
| gilè (m) | жилет | dʒilet |
| frac (m) | фрак | frak |
| smoking (m) | смокинг | smoking |
| | | |
| uniforme (f) | форма | forma |
| tuta (f) da lavoro | жумуш кийим | dʒumuʃ kijim |
| salopette (f) | комбинезон | kombinezon |
| camice (m) (~ del dottore) | халат | χalat |

## 28. Abbigliamento. Biancheria intima

| | | |
|---|---|---|
| biancheria (f) intima | ич кийим | itʃ kijim |
| boxer (m pl) | эркектер чолок дамбалы | erkekter tʃolok dambalı |
| mutandina (f) | аялдар трусиги | ajaldar trusigi |
| maglietta (f) intima | майка | majka |
| calzini (m pl) | байпак | bajpak |
| | | |
| camicia (f) da notte | жатаарда кийүүчү көйнөк | dʒataarda kijyytʃy køjnøk |
| reggiseno (m) | бюстгальтер | bʉstgalʲter |
| calzini (m pl) alti | гольфы | golʲfı |
| collant (m) | колготки | kolgotki |
| calze (f pl) | байпак | bajpak |
| costume (m) da bagno | купальник | kupalʲnik |

## 29. Copricapo

| | | |
|---|---|---|
| cappello (m) | топу | topu |
| cappello (m) di feltro | шляпа | ʃlʲapa |
| cappello (m) da baseball | бейсболка | bejsbolka |
| coppola (f) | кепка | kepka |
| | | |
| basco (m) | берет | beret |
| cappuccio (m) | капюшон | kapʉʃon |
| panama (m) | панамка | panamka |
| berretto (m) a maglia | токулган шапка | tokulgan ʃapka |
| | | |
| fazzoletto (m) da capo | жоолук | dʒooluk |
| cappellino (m) donna | шляпа | ʃlʲapa |
| | | |
| casco (m) (~ di sicurezza) | каска | kaska |
| bustina (f) | пилотка | pilotka |
| casco (m) (~ moto) | шлем | ʃlem |
| | | |
| bombetta (f) | котелок | kotelok |
| cilindro (m) | цилиндр | tsılindr |

## 30. Calzature

| | | |
|---|---|---|
| calzature (f pl) | бут кийим | but kijim |
| stivaletti (m pl) | ботинка | botinka |
| scarpe (f pl) | туфли | tufli |
| stivali (m pl) | өтүк | øtyk |
| pantofole (f pl) | тапочка | tapotʃka |
| | | |
| scarpe (f pl) da tennis | кроссовка | krossovka |
| scarpe (f pl) da ginnastica | кеды | kedı |
| sandali (m pl) | сандалии | sandalii |
| | | |
| calzolaio (m) | өтүкчү | øtyktʃy |
| tacco (m) | така | taka |

| | | |
|---|---|---|
| paio (m) | түгөй | tygøj |
| laccio (m) | боо | boo |
| allacciare (vt) | боолоо | booloo |
| calzascarpe (m) | кашык | kaʃık |
| lucido (m) per le scarpe | өтүк май | øtyk maj |

## 31. Accessori personali

| | | |
|---|---|---|
| guanti (m pl) | колкап | kolkap |
| manopole (f pl) | мээлей | meelej |
| sciarpa (f) | моюн орогуч | mojʉn oroguʧ |

| | | |
|---|---|---|
| occhiali (m pl) | көз айнек | køz ajnek |
| montatura (f) | алкак | alkak |
| ombrello (m) | чатырча | ʧatırʧa |
| bastone (m) | аса таяк | asa tajak |
| spazzola (f) per capelli | тарак | tarak |
| ventaglio (m) | желпингич | ʤelpingiʧ |

| | | |
|---|---|---|
| cravatta (f) | галстук | galstuk |
| cravatta (f) a farfalla | галстук-бабочка | galstuk-baboʧka |
| bretelle (f pl) | шым тарткыч | ʃım tartkıʧ |
| fazzoletto (m) | бетаарчы | betaarʧı |

| | | |
|---|---|---|
| pettine (m) | тарак | tarak |
| fermaglio (m) | чачсайгы | ʧaʧsajgı |
| forcina (f) | шпилька | ʃpilʲka |
| fibbia (f) | таралга | taralga |

| | | |
|---|---|---|
| cintura (f) | кайыш кур | kajıʃ kur |
| spallina (f) | илгич | ilgiʧ |

| | | |
|---|---|---|
| borsa (f) | колбаштык | kolbaʃtık |
| borsetta (f) | кичине колбаштык | kiʧine kolbaʃtık |
| zaino (m) | жонбаштык | ʤonbaʃtık |

## 32. Abbigliamento. Varie

| | | |
|---|---|---|
| moda (f) | мода | moda |
| di moda | саркеч | sarketʃ |
| stilista (m) | модельер | modeljer |

| | | |
|---|---|---|
| collo (m) | жака | ʤaka |
| tasca (f) | чөнтөк | ʧøntøk |
| tascabile (agg) | чөнтөк | ʧøntøk |
| manica (f) | жең | ʤeŋ |
| asola (f) per appendere | илгич | ilgiʧ |
| patta (f) (~ dei pantaloni) | ширинка | ʃirinka |

| | | |
|---|---|---|
| cerniera (f) lampo | молния | molnija |
| chiusura (f) | топчулук | topʧuluk |
| bottone (m) | топчу | topʧu |

| | | |
|---|---|---|
| occhiello (m) | илмек | ilmek |
| staccarsi (un bottone) | үзүлүү | yzylyy |
| | | |
| cucire (vi, vt) | тигүү | tigyy |
| ricamare (vi, vt) | сайма саюу | sajma sajuu |
| ricamo (m) | сайма | sajma |
| ago (m) | ийне | ijne |
| filo (m) | жип | dʒip |
| cucitura (f) | тигиш | tigiʃ |
| | | |
| sporcarsi (vr) | булгап алуу | bulgap aluu |
| macchia (f) | так | tak |
| sgualcirsi (vr) | бырышып калуу | bırıʃıp kaluu |
| strappare (vt) | айрылуу | ajrıluu |
| tarma (f) | күбө | kybø |

## 33. Cura della persona. Cosmetici

| | | |
|---|---|---|
| dentifricio (m) | тиш пастасы | tiʃ pastası |
| spazzolino (m) da denti | тиш щёткасы | tiʃ ʃtʃotkası |
| lavarsi i denti | тиш жуу | tiʃ dʒuu |
| | | |
| rasoio (m) | устара | ustara |
| crema (f) da barba | кырынуу үчүн көбүк | kırınuu ytʃyn købyk |
| rasarsi (vr) | кырынуу | kırınuu |
| | | |
| sapone (m) | самын | samın |
| shampoo (m) | шампунь | ʃampunʲ |
| | | |
| forbici (f pl) | кайчы | kajtʃı |
| limetta (f) | тырмак өгөө | tırmak øgøø |
| tagliaunghie (m) | тырмак кычкачы | tırmak kıtʃkatʃı |
| pinzette (f pl) | искек | iskek |
| | | |
| cosmetica (f) | упа-эндик | upa-endik |
| maschera (f) di bellezza | маска | maska |
| manicure (m) | маникюр | manikʉr |
| fare la manicure | маникюр жасоо | manikdʒʉr dʒasoo |
| pedicure (m) | педикюр | pedikʉr |
| | | |
| borsa (f) del trucco | косметичка | kosmetitʃka |
| cipria (f) | упа | upa |
| portacipria (m) | упа кутусу | upa kutusu |
| fard (m) | эндик | endik |
| | | |
| profumo (m) | атыр | atır |
| acqua (f) da toeletta | туалет атыр суусу | tualet atır suusu |
| lozione (f) | лосьон | losʲon |
| acqua (f) di Colonia | одеколон | odekolon |
| | | |
| ombretto (m) | көз боёгу | køz bojogu |
| eyeliner (m) | көз карандашы | køz karandaʃı |
| mascara (m) | кирпик үчүн боек | kirpik ytʃyn boek |
| rossetto (m) | эрин помадасы | erin pomadası |

| smalto (m) | тырмак үчүн лак | tırmak ytʃyn lak |
| lacca (f) per capelli | чач үчүн лак | tʃatʃ ytʃyn lak |
| deodorante (m) | дезодорант | dezodorant |

| crema (f) | крем | krem |
| crema (f) per il viso | бетмай | betmaj |
| crema (f) per le mani | кол үчүн май | kol ytʃyn maj |
| crema (f) antirughe | бырыштарга каршы бет май | bırıʃtarga karʃı bet maj |

| crema (f) da giorno | күндүзгү бет май | kyndyzgy bet maj |
| crema (f) da notte | түнкү бет май | tynky bet maj |
| da giorno | күндүзгү | kyndyzgy |
| da notte | түнкү | tynky |

| tampone (m) | тампон | tampon |
| carta (f) igienica | даарат кагазы | daarat kagazı |
| fon (m) | фен | fen |

## 34. Orologi da polso. Orologio

| orologio (m) (~ da polso) | кол саат | kol saat |
| quadrante (m) | циферблат | tsıferblat |
| lancetta (f) | жебе | dʒebe |
| braccialetto (m) | браслет | braslet |
| cinturino (m) | кайыш кур | kajıʃ kur |

| pila (f) | батарейка | batarejka |
| essere scarico | зарядканын түгөнүүсү | zariadkanın tygønyysy |
| cambiare la pila | батарейка алмаштыруу | batarejka almaʃtıruu |
| andare avanti | алдыга кетүү | aldıga ketyy |
| andare indietro | калуу | kaluu |

| orologio (m) da muro | дубалга тагуучу саат | dubalga taguutʃu saat |
| clessidra (f) | кум саат | kum saat |
| orologio (m) solare | күн саат | kyn saat |
| sveglia (f) | ойготкуч саат | ojgotkutʃ saat |
| orologiaio (m) | саат устасы | saat ustası |
| riparare (vt) | оңдоо | oŋdoo |

# Cibo. Alimentazione

## 35. Cibo

| | | |
|---|---|---|
| carne (f) | эт | et |
| pollo (m) | тоок | took |
| pollo (m) novello | балапан | balapan |
| anatra (f) | өрдөк | ørdøk |
| oca (f) | каз | kaz |
| cacciagione (f) | илбээсин | ilbeesin |
| tacchino (m) | күрп | kyrp |

| | | |
|---|---|---|
| maiale (m) | чочко эти | tʃotʃko eti |
| vitello (m) | торпок эти | torpok eti |
| agnello (m) | кой эти | koj eti |
| manzo (m) | уй эти | uj eti |
| coniglio (m) | коен | koen |

| | | |
|---|---|---|
| salame (m) | колбаса | kolbasa |
| w?rstel (m) | сосиска | sosiska |
| pancetta (f) | бекон | bekon |
| prosciutto (m) | ветчина | vettʃina |
| prosciutto (m) affumicato | сан эт | san et |

| | | |
|---|---|---|
| pâté (m) | паштет | paʃtet |
| fegato (m) | боор | boor |
| carne (f) trita | фарш | farʃ |
| lingua (f) | тил | til |

| | | |
|---|---|---|
| uovo (m) | жумуртка | dʒumurtka |
| uova (f pl) | жумурткалар | dʒumurtkalar |
| albume (m) | жумуртканын агы | dʒumurtkanın agı |
| tuorlo (m) | жумуртканын сарысы | dʒumurtkanın sarısı |

| | | |
|---|---|---|
| pesce (m) | балык | balık |
| frutti (m pl) di mare | деңиз азыктары | deŋiz azıktarı |
| crostacei (m pl) | рак сыяктуулар | rak sıjaktuular |
| caviale (m) | урук | uruk |

| | | |
|---|---|---|
| granchio (m) | краб | krab |
| gamberetto (m) | креветка | krevetka |
| ostrica (f) | устрица | ustritsa |
| aragosta (f) | лангуст | langust |
| polpo (m) | сегиз бут | segiz but |
| calamaro (m) | кальмар | kalʲmar |

| | | |
|---|---|---|
| storione (m) | осетрина | osetrina |
| salmone (m) | лосось | lososʲ |
| ippoglosso (m) | палтус | paltus |
| merluzzo (m) | треска | treska |

| | | |
|---|---|---|
| scombro (m) | скумбрия | skumbrija |
| tonno (m) | тунец | tunets |
| anguilla (f) | угорь | ugorʲ |
| | | |
| trota (f) | форель | forelʲ |
| sardina (f) | сардина | sardina |
| luccio (m) | чортон | tʃorton |
| aringa (f) | сельдь | selʲdʲ |
| | | |
| pane (m) | нан | nan |
| formaggio (m) | сыр | sır |
| zucchero (m) | кум шекер | kum-ʃeker |
| sale (m) | туз | tuz |
| | | |
| riso (m) | күрүч | kyrytʃ |
| pasta (f) | макарон | makaron |
| tagliatelle (f pl) | кесме | kesme |
| | | |
| burro (m) | ак май | ak maj |
| olio (m) vegetale | өсүмдүк майы | øsymdyk majı |
| olio (m) di girasole | күн карама майы | kyn karama majı |
| margarina (f) | маргарин | margarin |
| | | |
| olive (f pl) | зайтун | zajtun |
| olio (m) d'oliva | зайтун майы | zajtun majı |
| | | |
| latte (m) | сүт | syt |
| latte (m) condensato | коюутулган сүт | kojutulgan syt |
| yogurt (m) | йогурт | jogurt |
| panna (f) acida | сметана | smetana |
| panna (f) | каймак | kajmak |
| | | |
| maionese (m) | майонез | majonez |
| crema (f) | крем | krem |
| | | |
| cereali (m pl) | акшак | akʃak |
| farina (f) | ун | un |
| cibi (m pl) in scatola | консерва | konserva |
| | | |
| fiocchi (m pl) di mais | жарылган жүгөрү | dʒarılgan dʒygøry |
| miele (m) | бал | bal |
| marmellata (f) | джем, конфитюр | dʒem, konfitʉr |
| gomma (f) da masticare | сагыз | sagız |

## 36. Bevande

| | | |
|---|---|---|
| acqua (f) | суу | suu |
| acqua (f) potabile | ичүүчү суу | itʃyytʃy suu |
| acqua (f) minerale | минерал суусу | mineral suusu |
| | | |
| liscia (non gassata) | газсыз | gazsız |
| gassata (agg) | газдалган | gazdalgan |
| frizzante (agg) | газы менен | gazı menen |
| ghiaccio (m) | муз | muz |

| | | |
|---|---|---|
| con ghiaccio | музу менен | muzu menen |
| analcolico (agg) | алкоголсуз | alkogolsuz |
| bevanda (f) analcolica | алкоголсуз ичимдик | alkogolsuz itʃimdik |
| bibita (f) | суусундук | suusunduk |
| limonata (f) | лимонад | limonad |
| | | |
| bevande (f pl) alcoliche | спирт ичимдиктери | spirt itʃimdikteri |
| vino (m) | шарап | ʃarap |
| vino (m) bianco | ак шарап | ak ʃarap |
| vino (m) rosso | кызыл шарап | kızıl ʃarap |
| | | |
| liquore (m) | ликёр | likʲor |
| champagne (m) | шампан | ʃampan |
| vermouth (m) | вермут | vermut |
| | | |
| whisky | виски | viski |
| vodka (f) | арак | arak |
| gin (m) | джин | dʒin |
| cognac (m) | коньяк | konjak |
| rum (m) | ром | rom |
| | | |
| caffè (m) | кофе | kofe |
| caffè (m) nero | кара кофе | kara kofe |
| caffè latte (m) | сүттөлгөн кофе | syttølgøn kofe |
| cappuccino (m) | капучино | kaputʃino |
| caffè (m) solubile | эрүүчү кофе | eryytʃy kofe |
| | | |
| latte (m) | сүт | syt |
| cocktail (m) | коктейль | koktejlʲ |
| frullato (m) | сүт коктейли | syt koktejli |
| | | |
| succo (m) | шире | ʃire |
| succo (m) di pomodoro | томат ширеси | tomat ʃiresi |
| succo (m) d'arancia | апельсин ширеси | apelʲsin ʃiresi |
| spremuta (f) | түз сыгылып алынган шире | tyz sıgılıp alıngan ʃire |
| | | |
| birra (f) | сыра | sıra |
| birra (f) chiara | ачык сыра | atʃık sıra |
| birra (f) scura | коңур сыра | koŋur sıra |
| | | |
| tè (m) | чай | tʃaj |
| tè (m) nero | кара чай | kara tʃaj |
| tè (m) verde | жашыл чай | dʒaʃıl tʃaj |

## 37. Verdure

| | | |
|---|---|---|
| ortaggi (m pl) | жашылча | dʒaʃıltʃa |
| verdura (f) | көк чөп | køk tʃøp |
| | | |
| pomodoro (m) | помидор | pomidor |
| cetriolo (m) | бадыраң | badıraŋ |
| carota (f) | сабиз | sabiz |
| patata (f) | картошка | kartoʃka |

| | | |
|---|---|---|
| cipolla (f) | пияз | pijaz |
| aglio (m) | сарымсак | sarımsak |
| | | |
| cavolo (m) | капуста | kapusta |
| cavolfiore (m) | гүлдүү капуста | gyldyy kapusta |
| cavoletti (m pl) di Bruxelles | брюссель капустасы | brusselʲ kapustası |
| broccolo (m) | брокколи капустасы | brokkoli kapustası |
| | | |
| barbabietola (f) | кызылча | kızıltʃa |
| melanzana (f) | баклажан | bakladʒan |
| zucchina (f) | кабачок | kabatʃok |
| zucca (f) | ашкабак | aʃkabak |
| rapa (f) | шалгам | ʃalgam |
| | | |
| prezzemolo (m) | петрушка | petruʃka |
| aneto (m) | укроп | ukrop |
| lattuga (f) | салат | salat |
| sedano (m) | сельдерей | selʲderej |
| asparago (m) | спаржа | spardʒa |
| spinaci (m pl) | шпинат | ʃpinat |
| | | |
| pisello (m) | нокот | nokot |
| fave (f pl) | буурчак | buurtʃak |
| mais (m) | жүгөрү | dʒygøry |
| fagiolo (m) | төө буурчак | tøø buurtʃak |
| | | |
| peperone (m) | таттуу перец | tattuu perets |
| ravanello (m) | шалгам | ʃalgam |
| carciofo (m) | артишок | artiʃok |

## 38. Frutta. Noci

| | | |
|---|---|---|
| frutto (m) | мөмө | mømø |
| mela (f) | алма | alma |
| pera (f) | алмурут | almurut |
| limone (m) | лимон | limon |
| arancia (f) | апельсин | apelʲsin |
| fragola (f) | кулпунай | kulpunaj |
| | | |
| mandarino (m) | мандарин | mandarin |
| prugna (f) | кара өрүк | kara øryk |
| pesca (f) | шабдаалы | ʃabdaalı |
| albicocca (f) | өрүк | øryk |
| lampone (m) | дан куурай | dan kuuraj |
| ananas (m) | ананас | ananas |
| | | |
| banana (f) | банан | banan |
| anguria (f) | арбуз | arbuz |
| uva (f) | жүзүм | dʒyzym |
| amarena (f) | алча | altʃa |
| ciliegia (f) | гилас | gilas |
| melone (m) | коон | koon |
| pompelmo (m) | грейпфрут | grejpfrut |
| avocado (m) | авокадо | avokado |

| | | |
|---|---|---|
| papaia (f) | папайя | papaja |
| mango (m) | манго | mango |
| melagrana (f) | анар | anar |

| | | |
|---|---|---|
| ribes (m) rosso | кызыл карагат | kızıl karagat |
| ribes (m) nero | кара карагат | kara karagat |
| uva (f) spina | крыжовник | krıdʒovnik |
| mirtillo (m) | кара моюл | kara mojul |
| mora (f) | кара бүлдүркөн | kara byldyrkøn |

| | | |
|---|---|---|
| uvetta (f) | мейиз | mejiz |
| fico (m) | анжир | andʒir |
| dattero (m) | курма | kurma |

| | | |
|---|---|---|
| arachide (f) | арахис | araχis |
| mandorla (f) | бадам | badam |
| noce (f) | жаңгак | dʒaŋgak |
| nocciola (f) | токой жаңгагы | tokoj dʒaŋgagı |
| noce (f) di cocco | кокос жаңгагы | kokos dʒaŋgagı |
| pistacchi (m pl) | мисте | miste |

## 39. Pane. Dolci

| | | |
|---|---|---|
| pasticceria (f) | кондитер азыктары | konditer azıktarı |
| pane (m) | нан | nan |
| biscotti (m pl) | печенье | petʃenje |

| | | |
|---|---|---|
| cioccolato (m) | шоколад | ʃokolad |
| al cioccolato (agg) | шоколаддан | ʃokoladdan |
| caramella (f) | конфета | konfeta |
| tortina (f) | пирожное | pirodʒnoe |
| torta (f) | торт | tort |

| | | |
|---|---|---|
| crostata (f) | пирог | pirog |
| ripieno (m) | начинка | natʃinka |

| | | |
|---|---|---|
| marmellata (f) | кыям | kıjam |
| marmellata (f) di agrumi | мармелад | marmelad |
| wafer (m) | вафли | vafli |
| gelato (m) | бал муздак | bal muzdak |
| budino (m) | пудинг | puding |

## 40. Pietanze cucinate

| | | |
|---|---|---|
| piatto (m) (~ principale) | тамак | tamak |
| cucina (f) | даам | daam |
| ricetta (f) | тамак жасоо ыкмасы | tamak dʒasoo ıkması |
| porzione (f) | порция | portsija |

| | | |
|---|---|---|
| insalata (f) | салат | salat |
| minestra (f) | сорпо | sorpo |
| brodo (m) | ынак сорпо | ınak sorpo |

| | | |
|---|---|---|
| panino (m) | бутерброд | buterbrod |
| uova (f pl) al tegamino | куурулган жумуртка | kuurulgan dʒumurtka |
| | | |
| hamburger (m) | гамбургер | gamburger |
| bistecca (f) | бифштекс | bifʃteks |
| | | |
| contorno (m) | гарнир | garnir |
| spaghetti (m pl) | спагетти | spagetti |
| purè (m) di patate | эзилген картошка | ezilgen kartoʃka |
| pizza (f) | пицца | pitsa |
| porridge (m) | ботко | botko |
| frittata (f) | омлет | omlet |
| | | |
| bollito (agg) | сууга бышырылган | suuga bɯʃɯrɯlgan |
| affumicato (agg) | ышталган | ɯʃtalgan |
| fritto (agg) | куурулган | kuurulgan |
| secco (agg) | кургатылган | kurgatɯlgan |
| congelato (agg) | тоңдурулган | toŋdurulgan |
| sottoaceto (agg) | маринаддагы | marinaddagɯ |
| | | |
| dolce (gusto) | таттуу | tattuu |
| salato (agg) | туздуу | tuzduu |
| freddo (agg) | муздак | muzdak |
| caldo (agg) | ысык | ɯsɯk |
| amaro (agg) | ачуу | atʃuu |
| buono, gustoso (agg) | даамдуу | daamduu |
| | | |
| cuocere, preparare (vt) | кайнатуу | kajnatuu |
| cucinare (vi) | тамак бышыруу | tamak bɯʃɯruu |
| friggere (vt) | кууруу | kuuruu |
| riscaldare (vt) | жылытуу | dʒɯlɯtuu |
| | | |
| salare (vt) | туздоо | tuzdoo |
| pepare (vt) | калемпир кошуу | kalempir koʃuu |
| grattugiare (vt) | сүргүлөө | syrgylөө |
| buccia (f) | сырты | sɯrtɯ |
| sbucciare (vt) | тазалоо | tazaloo |

## 41. Spezie

| | | |
|---|---|---|
| sale (m) | туз | tuz |
| salato (agg) | туздуу | tuzduu |
| salare (vt) | туздоо | tuzdoo |
| | | |
| pepe (m) nero | кара мурч | kara murtʃ |
| peperoncino (m) | кызыл калемпир | kɯzɯl kalempir |
| senape (f) | горчица | gortʃitsa |
| cren (m) | хрен | xren |
| | | |
| condimento (m) | татымал | tatɯmal |
| spezie (f pl) | татымал | tatɯmal |
| salsa (f) | соус | sous |
| aceto (m) | уксус | uksus |
| anice (m) | анис | anis |

| | | |
|---|---|---|
| basilico (m) | райхон | rajxon |
| chiodi (m pl) di garofano | гвоздика | gvozdika |
| zenzero (m) | имбирь | imbirʲ |
| coriandolo (m) | кориандр | koriandr |
| cannella (f) | корица | koritsa |
| | | |
| sesamo (m) | кунжут | kundʒut |
| alloro (m) | лавр жалбырагы | lavr dʒalbıragı |
| paprica (f) | паприка | paprika |
| cumino (m) | зира | zira |
| zafferano (m) | заапаран | zaaparan |

## 42. Pasti

| | | |
|---|---|---|
| cibo (m) | тамак | tamak |
| mangiare (vi, vt) | тамактануу | tamaktanuu |
| | | |
| colazione (f) | таңкы тамак | taŋkı tamak |
| fare colazione | эртең менен тамактануу | erteŋ menen tamaktanuu |
| pranzo (m) | түшкү тамак | tyʃky tamak |
| pranzare (vi) | түштөнүү | tyʃtønyy |
| cena (f) | кечки тамак | ketʃki tamak |
| cenare (vi) | кечки тамакты ичүү | ketʃki tamaktı itʃyy |
| | | |
| appetito (m) | табит | tabit |
| Buon appetito! | Тамагыңыз таттуу болсун! | tamagıŋız tattuu bolsun! |
| | | |
| aprire (vt) | ачуу | atʃuu |
| rovesciare (~ il vino, ecc.) | төгүп алуу | tøgyp aluu |
| rovesciarsi (vr) | төгүлүү | tøgylyy |
| bollire (vi) | кайноо | kajnoo |
| far bollire | кайнатуу | kajnatuu |
| bollito (agg) | кайнатылган | kajnatılgan |
| raffreddare (vt) | суутуу | suutuu |
| raffreddarsi (vr) | сууп туруу | suup turuu |
| | | |
| gusto (m) | даам | daam |
| retrogusto (m) | даамдануу | daamdanuu |
| | | |
| essere a dieta | арыктоо | arıktoo |
| dieta (f) | мүнөз тамак | mynøz tamak |
| vitamina (f) | витамин | vitamin |
| caloria (f) | калория | kalorija |
| vegetariano (m) | эттен чанган | etten tʃangan |
| vegetariano (agg) | этсиз даярдалган | etsiz dajardalgan |
| | | |
| grassi (m pl) | майлар | majlar |
| proteine (f pl) | белоктор | beloktor |
| carboidrati (m pl) | көмүрсуулар | kømyrsuular |
| | | |
| fetta (f), fettina (f) | кесим | kesim |
| pezzo (m) (~ di torta) | бөлүк | bølyk |
| briciola (f) (~ di pane) | күкүм | kykym |

## 43. Preparazione della tavola

| | | |
|---|---|---|
| cucchiaio (m) | кашык | kaʃık |
| coltello (m) | бычак | bɪtʃak |
| forchetta (f) | вилка | vilka |
| | | |
| tazza (f) | чөйчөк | tʃøjtʃøk |
| piatto (m) | табак | tabak |
| piattino (m) | табак | tabak |
| tovagliolo (m) | майлык | majlık |
| stuzzicadenti (m) | тиш чукугуч | tiʃ tʃukugutʃ |

## 44. Ristorante

| | | |
|---|---|---|
| ristorante (m) | ресторан | restoran |
| caffè (m) | кофекана | kofekana |
| pub (m), bar (m) | бар | bar |
| sala (f) da tè | чай салону | tʃaj salonu |
| | | |
| cameriere (m) | официант | ofitsiant |
| cameriera (f) | официант кыз | ofitsiant kız |
| barista (m) | бармен | barmen |
| | | |
| menù (m) | меню | menʉ |
| lista (f) dei vini | шарап картасы | ʃarap kartası |
| prenotare un tavolo | столду камдык буйрутмалоо | stoldu kamdık bujrutmaloo |
| | | |
| piatto (m) | тамак | tamak |
| ordinare (~ il pranzo) | буйрутма кылуу | bujrutma kıluu |
| fare un'ordinazione | буйрутма берүү | bujrutma beryy |
| | | |
| aperitivo (m) | аперитив | aperitiv |
| antipasto (m) | ысылык | ısılık |
| dolce (m) | десерт | desert |
| | | |
| conto (m) | эсеп | esep |
| pagare il conto | эсеп төлөө | esep tøløø |
| dare il resto | майда акчаны кайтаруу | majda aktʃanı kajtaruu |
| mancia (f) | чайпул | tʃajpul |

# Famiglia, parenti e amici

## 45. Informazioni personali. Moduli

| | | |
|---|---|---|
| nome (m) | аты | atı |
| cognome (m) | фамилиясы | familijası |
| data (f) di nascita | төрөлгөн күнү | tørølgøn kyny |
| luogo (m) di nascita | туулган жери | tuulgan dʒeri |
| | | |
| nazionalità (f) | улуту | ulutu |
| domicilio (m) | жашаган жери | dʒaʃagan dʒeri |
| paese (m) | өлкө | ølkø |
| professione (f) | кесиби | kesibi |
| | | |
| sesso (m) | жынысы | dʒınısı |
| statura (f) | бою | boju |
| peso (m) | салмак | salmak |

## 46. Membri della famiglia. Parenti

| | | |
|---|---|---|
| madre (f) | эне | ene |
| padre (m) | ата | ata |
| figlio (m) | уул | uul |
| figlia (f) | кыз | kız |
| | | |
| figlia (f) minore | кичүү кыз | kitʃyy kız |
| figlio (m) minore | кичүү уул | kitʃyy uul |
| figlia (f) maggiore | улуу кыз | uluu kız |
| figlio (m) maggiore | улуу уул | uluu uul |
| | | |
| fratello (m) | бир тууган | bir tuugan |
| fratello (m) maggiore | байке | bajke |
| fratello (m) minore | ини | ini |
| sorella (f) | бир тууган | bir tuugan |
| sorella (f) maggiore | эже | edʒe |
| sorella (f) minore | синди | siŋdi |
| | | |
| cugino (m) | атасы же энеси бир тууган | atası dʒe enesi bir tuugan |
| cugina (f) | атасы же энеси бир тууган | atası dʒe enesi bir tuugan |
| | | |
| mamma (f) | апа | apa |
| papà (m) | ата | ata |
| genitori (m pl) | ата-эне | ata-ene |
| bambino (m) | бала | bala |
| bambini (m pl) | балдар | baldar |
| nonna (f) | чоң апа | tʃoŋ apa |

| | | |
|---|---|---|
| nonno (m) | чоң ата | ʧoŋ ata |
| nipote (m) (figlio di un figlio) | небере бала | nebere bala |
| nipote (f) | небере кыз | nebere kız |
| nipoti (pl) | неберелер | nebereler |
| | | |
| zio (m) | таяке | tajake |
| zia (f) | таяже | tajaʤe |
| nipote (m) (figlio di un fratello) | ини | ini |
| nipote (f) | жээн | ʤeen |
| | | |
| suocera (f) | кайын эне | kajın ene |
| suocero (m) | кайын ата | kajın ata |
| genero (m) | күйөө бала | kyjøø bala |
| matrigna (f) | өгөй эне | øgøj ene |
| patrigno (m) | өгөй ата | øgøj ata |
| | | |
| neonato (m) | эмчектеги бала | emʧektegi bala |
| infante (m) | ымыркай | ımırkaj |
| bimbo (m), ragazzino (m) | бөбөк | bøbøk |
| | | |
| moglie (f) | аял | ajal |
| marito (m) | эр | er |
| coniuge (m) | күйөө | kyjøø |
| coniuge (f) | зайып | zajıp |
| | | |
| sposato (agg) | аялы бар | ajalı bar |
| sposata (agg) | күйөөдө | kyjøødø |
| celibe (agg) | бойдок | bojdok |
| scapolo (m) | бойдок | bojdok |
| divorziato (agg) | ажырашкан | aʤıraʃkan |
| vedova (f) | жесир | ʤesir |
| vedovo (m) | жесир | ʤesir |
| | | |
| parente (m) | тууган | tuugan |
| parente (m) stretto | жакын тууган | ʤakın tuugan |
| parente (m) lontano | алыс тууган | alıs tuugan |
| parenti (m pl) | бир тууган | bir tuugan |
| | | |
| orfano (m), orfana (f) | жетим | ʤetim |
| tutore (m) | камкорчу | kamkorʧu |
| adottare (~ un bambino) | уул кылып асырап алуу | uul kılıp asırap aluu |
| adottare (~ una bambina) | кыз кылып асырап алуу | kız kılıp asırap aluu |

# Medicinali

## 47. Malattie

| | | |
|---|---|---|
| malattia (f) | оору | ooru |
| essere malato | ооруу | ooruu |
| salute (f) | ден-соолук | den-sooluk |

| | | |
|---|---|---|
| raffreddore (m) | мурдунан суу агуу | murdunan suu aguu |
| tonsillite (f) | ангина | angina |
| raffreddore (m) | суук тийүү | suuk tijyy |
| raffreddarsi (vr) | суук тийгизип алуу | suuk tijgizip aluu |

| | | |
|---|---|---|
| bronchite (f) | бронхит | bronχit |
| polmonite (f) | кабыргадан сезгенүү | kabırgadan sezgenyy |
| influenza (f) | сасык тумоо | sasık tumoo |

| | | |
|---|---|---|
| miope (agg) | алыстан көрө албоо | alıstan kørø alboo |
| presbite (agg) | жакындан көрө албоо | dʒakından kørø alboo |
| strabismo (m) | кылый көздүүлүк | kılıj køzdyylyk |
| strabico (agg) | кылый көздүүлүк | kılıj køzdyylyk |
| cateratta (f) | челкөз | tʃelkøz |
| glaucoma (m) | глаукома | glaukoma |

| | | |
|---|---|---|
| ictus (m) cerebrale | мээге кан куюлуу | meege kan kujuluu |
| attacco (m) di cuore | инфаркт | infarkt |
| infarto (m) miocardico | инфаркт миокарда | infarkt miokarda |
| paralisi (f) | шал | ʃal |
| paralizzare (vt) | шал болуу | ʃal boluu |

| | | |
|---|---|---|
| allergia (f) | аллергия | allergija |
| asma (f) | астма | astma |
| diabete (m) | диабет | diabet |

| | | |
|---|---|---|
| mal (m) di denti | тиш оорусу | tiʃ oorusu |
| carie (f) | кариес | karies |

| | | |
|---|---|---|
| diarrea (f) | ич өткү | itʃ øtky |
| stitichezza (f) | ич катуу | itʃ katuu |
| disturbo (m) gastrico | ич бузулгандык | itʃ buzulgandık |
| intossicazione (f) alimentare | уулануу | uulanuu |
| intossicarsi (vr) | уулануу | uulanuu |

| | | |
|---|---|---|
| artrite (f) | артрит | artrit |
| rachitide (f) | итий | itij |
| reumatismo (m) | кызыл жүгүрүк | kızıl dʒygyryk |
| aterosclerosi (f) | атеросклероз | ateroskleroz |

| | | |
|---|---|---|
| gastrite (f) | карын сезгенүүсү | karın sezgenyysu |
| appendicite (f) | аппендицит | appenditsit |

| | | |
|---|---|---|
| colecistite (f) | холецистит | χoletsistit |
| ulcera (f) | жара | dʒara |

| | | |
|---|---|---|
| morbillo (m) | кызылча | kızıltʃa |
| rosolia (f) | кызамык | kızamık |
| itterizia (f) | сарык | sarık |
| epatite (f) | гепатит | gepatit |

| | | |
|---|---|---|
| schizofrenia (f) | шизофрения | ʃizofrenija |
| rabbia (f) | кутурма | kuturma |
| nevrosi (f) | невроз | nevroz |
| commozione (f) cerebrale | мээнин чайкалышы | meenin tʃajkalıʃı |

| | | |
|---|---|---|
| cancro (m) | рак | rak |
| sclerosi (f) | склероз | skleroz |
| sclerosi (f) multipla | жайылган склероз | dʒajılgan skleroz |

| | | |
|---|---|---|
| alcolismo (m) | аракечтик | araketʃtik |
| alcolizzato (m) | аракеч | araketʃ |
| sifilide (f) | котон жара | koton dʒara |
| AIDS (m) | СПИД | spid |

| | | |
|---|---|---|
| tumore (m) | шишик | ʃiʃik |
| maligno (agg) | залалдуу | zalalduu |
| benigno (agg) | залалсыз | zalalsız |

| | | |
|---|---|---|
| febbre (f) | безгек | bezgek |
| malaria (f) | безгек | bezgek |
| cancrena (f) | кабыз | kabız |
| mal (m) di mare | деңиз оорусу | deŋiz oorusu |
| epilessia (f) | талма | talma |

| | | |
|---|---|---|
| epidemia (f) | эпидемия | epidemija |
| tifo (m) | келте | kelte |
| tubercolosi (f) | кургак учук | kurgak utʃuk |
| colera (m) | холера | χolera |
| peste (f) | кара тумоо | kara tumoo |

## 48. Sintomi. Cure. Parte 1

| | | |
|---|---|---|
| sintomo (m) | белги | belgi |
| temperatura (f) | дене табынын көтөрүлүшү | dene tabının køtørylyʃy |
| febbre (f) alta | жогорку температура | dʒogorku temperatura |
| polso (m) | тамыр кагышы | tamır kagıʃı |

| | | |
|---|---|---|
| capogiro (m) | баш айлануу | baʃ ajlanuu |
| caldo (agg) | ысык | ısık |
| brivido (m) | чыйрыгуу | tʃijrıguu |
| pallido (un viso ~) | купкуу | kupkuu |

| | | |
|---|---|---|
| tosse (f) | жөтөл | dʒøtøl |
| tossire (vi) | жөтөлүү | dʒøtølyy |
| starnutire (vi) | чүчкүрүү | tʃytʃkyryy |

| | | |
|---|---|---|
| svenimento (m) | эси оо | esi oo |
| svenire (vi) | эси ооп жыгылуу | esi oop dʒıgıluu |
| | | |
| livido (m) | көк-ала | køk-ala |
| bernoccolo (m) | шишик | ʃiʃik |
| farsi un livido | урунуп алуу | urunup aluu |
| contusione (f) | көгөртүп алуу | køgørtyp aluu |
| farsi male | көгөртүп алуу | køgørtyp aluu |
| | | |
| zoppicare (vi) | аксоо | aksoo |
| slogatura (f) | муундун чыгып кетүүсү | muundun tʃıgıp ketyysy |
| slogarsi (vr) | чыгарып алуу | tʃıgarıp aluu |
| frattura (f) | сынуу | sınuu |
| fratturarsi (vr) | сындырып алуу | sındırıp aluu |
| | | |
| taglio (m) | кесилген жер | kesilgen dʒer |
| tagliarsi (vr) | кесип алуу | kesip aluu |
| emorragia (f) | кан кетүү | kan ketyy |
| | | |
| scottatura (f) | күйүк | kyjyk |
| scottarsi (vr) | күйгүзүп алуу | kyjgyzyp aluu |
| | | |
| pungere (vt) | саюу | sajʉu |
| pungersi (vr) | сайып алуу | sajıp aluu |
| ferire (vt) | кокустатып алуу | kokustatıp aluu |
| ferita (f) | кокустатып алуу | kokustatıp aluu |
| lesione (f) | жара | dʒara |
| trauma (m) | жаракат | dʒarakat |
| | | |
| delirare (vi) | жөлүү | dʒølyy |
| tartagliare (vi) | кекечтенүү | keketʃtenyy |
| colpo (m) di sole | күн өтүү | kyn øtyy |

## 49. Sintomi. Cure. Parte 2

| | | |
|---|---|---|
| dolore (m), male (m) | оору | ooru |
| scheggia (f) | тикен | tiken |
| | | |
| sudore (m) | тер | ter |
| sudare (vi) | тердөө | terdøø |
| vomito (m) | кусуу | kusuu |
| convulsioni (f pl) | тарамыш карышуусу | taramıʃ karıʃuusu |
| | | |
| incinta (agg) | кош бойлуу | koʃ bojluu |
| nascere (vi) | төрөлүү | tørølyy |
| parto (m) | төрөт | tørøt |
| essere in travaglio di parto | төрөө | tørøø |
| aborto (m) | бойдон түшүрүү | bojdon tyʃyryy |
| | | |
| respirazione (f) | дем алуу | dem aluu |
| inspirazione (f) | дем алуу | dem aluu |
| espirazione (f) | дем чыгаруу | dem tʃıgaruu |
| espirare (vi) | дем чыгаруу | dem tʃıgaruu |
| inspirare (vi) | дем алуу | dem aluu |

| | | |
|---|---|---|
| invalido (m) | майып | majıp |
| storpio (m) | мунжу | mundʒu |
| drogato (m) | баңги | baŋgi |
| | | |
| sordo (agg) | дүлөй | dylØj |
| muto (agg) | дудук | duduk |
| sordomuto (agg) | дудук | duduk |
| | | |
| matto (agg) | жин тийген | dʒin tijgen |
| matto (m) | жинди чалыш | dʒindi tʃalıʃ |
| matta (f) | жинди чалыш | dʒindi tʃalıʃ |
| impazzire (vi) | мээси айныган | meesi ajnıgan |
| | | |
| gene (m) | ген | gen |
| immunità (f) | иммунитет | immunitet |
| ereditario (agg) | тукум куучулук | tukum kuutʃuluk |
| innato (agg) | тубаса | tubasa |
| | | |
| virus (m) | вирус | virus |
| microbo (m) | микроб | mikrob |
| batterio (m) | бактерия | bakterija |
| infezione (f) | жугуштуу илдет | dʒuguʃtuu ildet |

## 50. Sintomi. Cure. Parte 3

| | | |
|---|---|---|
| ospedale (m) | оорукана | oorukana |
| paziente (m) | бейтап | bejtap |
| | | |
| diagnosi (f) | дарт аныктоо | dart anıktoo |
| cura (f) | дарылоо | darıloo |
| trattamento (m) | дарылоо | darıloo |
| curarsi (vr) | дарылануу | darılanuu |
| curare (vt) | дарылоо | darıloo |
| accudire (un malato) | кароо | karoo |
| assistenza (f) | кароо | karoo |
| | | |
| operazione (f) | операция | operatsija |
| bendare (vt) | жараны таңуу | dʒaranı taŋuu |
| fasciatura (f) | таңуу | taŋuu |
| | | |
| vaccinazione (f) | эмдөө | emdØØ |
| vaccinare (vt) | эмдөө | emdØØ |
| iniezione (f) | ийне салуу | ijne saluu |
| fare una puntura | ийне сайдыруу | ijne sajdıruu |
| | | |
| attacco (m) (~ epilettico) | оору кармап калуу | ooru karmap kaluu |
| amputazione (f) | кесүү | kesyy |
| amputare (vt) | кесип таштоо | kesip taʃtoo |
| coma (m) | кома | koma |
| essere in coma | комада болуу | komada boluu |
| rianimazione (f) | реанимация | reanimatsija |
| | | |
| guarire (vi) | сакаюу | sakajuu |
| stato (f) (del paziente) | абал | abal |

| | | |
|---|---|---|
| conoscenza (f) | эсинде | esinde |
| memoria (f) | эс тутум | es tutum |
| | | |
| estrarre (~ un dente) | тишти жулуу | tiʃti dʒuluu |
| otturazione (f) | пломба | plomba |
| otturare (vt) | пломба салуу | plomba saluu |
| | | |
| ipnosi (f) | гипноз | gipnoz |
| ipnotizzare (vt) | гипноз кылуу | gipnoz kıluu |

## 51. Medici

| | | |
|---|---|---|
| medico (m) | доктур | doktur |
| infermiera (f) | медсестра | medsestra |
| medico (m) personale | жекелик доктур | dʒekelik doktur |
| | | |
| dentista (m) | тиш доктур | tiʃ doktur |
| oculista (m) | көз доктур | køz doktur |
| internista (m) | терапевт | terapevt |
| chirurgo (m) | хирург | χirurg |
| | | |
| psichiatra (m) | психиатр | psiχiatr |
| pediatra (m) | педиатр | pediatr |
| psicologo (m) | психолог | psiχolog |
| ginecologo (m) | гинеколог | ginekolog |
| cardiologo (m) | кардиолог | kardiolog |

## 52. Medicinali. Farmaci. Accessori

| | | |
|---|---|---|
| medicina (f) | дары-дармек | darı-darmek |
| rimedio (m) | дары | darı |
| prescrivere (vt) | жазып берүү | dʒazıp beryy |
| prescrizione (f) | рецепт | retsept |
| | | |
| compressa (f) | таблетка | tabletka |
| unguento (m) | май | maj |
| fiala (f) | ампула | ampula |
| pozione (f) | аралашма | aralaʃma |
| sciroppo (m) | сироп | sirop |
| pillola (f) | пилюля | pilʉlʲa |
| polverina (f) | күкүм | kykym |
| | | |
| benda (f) | бинт | bint |
| ovatta (f) | пахта | paχta |
| iodio (m) | йод | jod |
| | | |
| cerotto (m) | лейкопластырь | lejkoplastırʲ |
| contagocce (m) | дары тамызгыч | darı tamızgıtʃ |
| termometro (m) | градусник | gradusnik |
| siringa (f) | шприц | ʃprits |
| sedia (f) a rotelle | майып арабасы | majıp arabası |
| stampelle (f pl) | колтук таяк | koltuk tajak |

| | | |
|---|---|---|
| analgesico (m) | оору сездирбөөчү дары | ooru sezdirbøøʧy darı |
| lassativo (m) | ич алдыруучу дары | iʧ aldıruuʧu darı |
| alcol (m) | спирт | spirt |
| erba (f) officinale | дары чөптөр | darı ʧøptør |
| d'erbe (infuso ~) | чөп чайы | ʧøp ʧajı |

# HABITAT UMANO

## Città

### 53. Città. Vita di città

| | | |
|---|---|---|
| città (f) | шаар | ʃaar |
| capitale (f) | борбор | borbor |
| villaggio (m) | кыштак | kıʃtak |
| | | |
| mappa (f) della città | шаардын планы | ʃaardın planı |
| centro (m) della città | шаардын борбору | ʃaardın borboru |
| sobborgo (m) | шаардын чет жакасы | ʃaardın tʃet dʒakası |
| suburbano (agg) | шаардын чет жакасындагы | ʃaardın tʃet dʒakasındagı |
| | | |
| periferia (f) | чет-жака | tʃet-dʒaka |
| dintorni (m pl) | чет-жака | tʃet-dʒaka |
| isolato (m) | квартал | kvartal |
| quartiere residenziale | турак-жай кварталы | turak-dʒaj kvartalı |
| | | |
| traffico (m) | көчө кыймылы | køtʃø kıjmılı |
| semaforo (m) | светофор | svetofor |
| trasporti (m pl) urbani | шаар транспорту | ʃaar transportu |
| incrocio (m) | кесилиш | kesiliʃ |
| | | |
| passaggio (m) pedonale | жөө жүрүүчүлөр жолу | dʒøø dʒyryytʃylør dʒolu |
| sottopassaggio (m) | жер астындагы жол | dʒer astındagı dʒol |
| attraversare (vt) | жолду өтүү | dʒoldu øtyy |
| pedone (m) | жөө жүрүүчү | dʒøø dʒyryytʃy |
| marciapiede (m) | жанжол | dʒandʒol |
| | | |
| ponte (m) | көпүрө | køpyrø |
| banchina (f) | жээк жол | dʒeek dʒol |
| fontana (f) | фонтан | fontan |
| | | |
| vialetto (m) | аллея | alleja |
| parco (m) | сейил багы | sejil bagı |
| boulevard (m) | бульвар | bulʲvar |
| piazza (f) | аянт | ajant |
| viale (m), corso (m) | проспект | prospekt |
| via (f), strada (f) | көчө | køtʃø |
| vicolo (m) | чолок көчө | tʃolok køtʃø |
| vicolo (m) cieco | туюк көчө | tujɯk køtʃø |
| | | |
| casa (f) | үй | yj |
| edificio (m) | имарат | imarat |
| grattacielo (m) | көк тиреген көп кабаттуу үй | køk tiregen køp kabattuu yj |

| | | |
|---|---|---|
| facciata (f) | үйдүн алды | yjdyn aldı |
| tetto (m) | чатыр | tʃatır |
| finestra (f) | терезе | tereze |
| arco (m) | түркүк | tyrkyk |
| colonna (f) | мамы | mamı |
| angolo (m) | бурч | burtʃ |
| | | |
| vetrina (f) | көрсөтмө айнек үкөк | kørsøtmø ajnek ykøk |
| insegna (f) (di negozi, ecc.) | көрнөк | kørnøk |
| cartellone (m) | афиша | afiʃa |
| cartellone (m) pubblicitario | көрнөк-жарнак | kørnøk-dʒarnak |
| tabellone (m) pubblicitario | жарнамалык такта | dʒarnamalık takta |
| | | |
| pattume (m), spazzatura (f) | таштанды | taʃtandı |
| pattumiera (f) | таштанды челек | taʃtandı tʃelek |
| sporcare (vi) | таштоо | taʃtoo |
| discarica (f) di rifiuti | таштанды үйүлгөн жер | taʃtandı yjylgøn dʒer |
| | | |
| cabina (f) telefonica | телефон будкасы | telefon budkası |
| lampione (m) | чырак мамы | tʃırak mamı |
| panchina (f) | отургуч | oturgutʃ |
| | | |
| poliziotto (m) | полиция кызматкери | politsija kızmatkeri |
| polizia (f) | полиция | politsija |
| mendicante (m) | кайырчы | kajırtʃı |
| barbone (m) | селсаяк | selsajak |

## 54. Servizi cittadini

| | | |
|---|---|---|
| negozio (m) | дүкөн | dykøn |
| farmacia (f) | дарыкана | darıkana |
| ottica (f) | оптика | optika |
| centro (m) commerciale | соода борбору | sooda borboru |
| supermercato (m) | супермаркет | supermarket |
| | | |
| panetteria (f) | нан дүкөнү | nan dykøny |
| fornaio (m) | навайчы | navajtʃı |
| pasticceria (f) | кондитердик дүкөн | konditerdik dykøn |
| drogheria (f) | азык-түлүк | azık-tylyk |
| macelleria (f) | эт дүкөнү | et dykøny |
| | | |
| fruttivendolo (m) | жашылча дүкөнү | dʒaʃıltʃa dykøny |
| mercato (m) | базар | bazar |
| | | |
| caffè (m) | кофекана | kofekana |
| ristorante (m) | ресторан | restoran |
| birreria (f), pub (m) | сыракана | sırakana |
| pizzeria (f) | пиццерия | pitserija |
| | | |
| salone (m) di parrucchiere | чач тарач | tʃatʃ taratʃ |
| ufficio (m) postale | почта | potʃta |
| lavanderia (f) a secco | химиялык тазалоо | ximijalık tazaloo |
| studio (m) fotografico | фотоателье | fotoatelje |
| negozio (m) di scarpe | бут кийим дүкөнү | but kijim dykøny |

| | | |
|---|---|---|
| libreria (f) | китеп дүкөнү | kitep dykøny |
| negozio (m) sportivo | спорт буюмдар дүкөнү | sport bujumdar dykøny |
| | | |
| riparazione (f) di abiti | кийим ондоочу жай | kijim ondootʃu dʒaj |
| noleggio (m) di abiti | кийимди ижарага берүү | kijimdi idʒaraga beryy |
| noleggio (m) di film | тасмаларды ижарага берүү | tasmalardı idʒaraga beryy |
| | | |
| circo (m) | цирк | tsırk |
| zoo (m) | зоопарк | zoopark |
| cinema (m) | кинотеатр | kinoteatr |
| museo (m) | музей | muzej |
| biblioteca (f) | китепкана | kitepkana |
| | | |
| teatro (m) | театр | teatr |
| teatro (m) dell'opera | опера | opera |
| locale notturno (m) | түнкү клуб | tynky klub |
| casinò (m) | казино | kazino |
| | | |
| moschea (f) | мечит | metʃit |
| sinagoga (f) | синагога | sinagoga |
| cattedrale (f) | чоң чиркөө | tʃoŋ tʃirkøø |
| tempio (m) | ибадаткана | ibadatkana |
| chiesa (f) | чиркөө | tʃirkøø |
| | | |
| istituto (m) | коллеж | kolledʒ |
| università (f) | университет | universitet |
| scuola (f) | мектеп | mektep |
| | | |
| prefettura (f) | префектура | prefektura |
| municipio (m) | мэрия | merija |
| albergo, hotel (m) | мейманкана | mejmankana |
| banca (f) | банк | bank |
| | | |
| ambasciata (f) | элчилик | eltʃilik |
| agenzia (f) di viaggi | турагенттиги | turagenttigi |
| ufficio (m) informazioni | маалымат бюросу | maalımat burosu |
| ufficio (m) dei cambi | алмаштыруу пункту | almaʃtıruu punktu |
| | | |
| metropolitana (f) | метро | metro |
| ospedale (m) | оорукана | oorukana |
| | | |
| distributore (m) di benzina | май куюучу станция | maj kujuutʃu stantsija |
| parcheggio (m) | унаа токтоочу жай | unaa toktootʃu dʒaj |

## 55. Cartelli

| | | |
|---|---|---|
| insegna (f) (di negozi, ecc.) | көрнөк | kørnøk |
| iscrizione (f) | жазуу | dʒazuu |
| cartellone (m) | көрнөк | kørnøk |
| segnale (m) di direzione | көрсөткүч | kørsøtkytʃ |
| freccia (f) | жебе | dʒebe |
| avvertimento (m) | экертме | ekertme |
| avviso (m) | эскертүү белгиси | eskertyy belgisi |

| | | |
|---|---|---|
| avvertire, avvisare (vt) | эскертүү | eskertyy |
| giorno (m) di riposo | дем алыш күн | dem alıʃ kyn |
| orario (m) | ыраattama | ıraattama |
| orario (m) di apertura | иш сааттары | iʃ saattarı |
| | | |
| BENVENUTI! | КОШ КЕЛИҢИЗДЕР! | koʃ keliŋizder! |
| ENTRATA | КИРҮҮ | kiryy |
| USCITA | ЧЫГУУ | tʃıguu |
| | | |
| SPINGERE | ӨЗҮҢҮЗДӨН ТҮРТҮҢҮЗ | øzyŋyzdøn tyrtyŋyz |
| TIRARE | ӨЗҮҢҮЗГӨ ТАРТЫҢЫЗ | øzyŋyzgø tartıŋız |
| APERTO | АЧЫК | atʃık |
| CHIUSO | ЖАБЫК | dʒabık |
| | | |
| DONNE | АЙЫМДАР ҮЧҮН | ajımdar ytʃyn |
| UOMINI | ЭРКЕКТЕР ҮЧҮН | erkekter ytʃyn |
| | | |
| SCONTI | АРЗАНДАТУУЛАР | arzandatuular |
| SALDI | САТЫП ТҮГӨТҮҮ | satıp tygøtyy |
| NOVITÀ! | СААМАЛЫК! | saamalık! |
| GRATIS | БЕКЕР | beker |
| | | |
| ATTENZIONE! | КӨҢҮЛ БУРУҢУЗ! | køŋyl buruŋuz! |
| COMPLETO | ОРУН ЖОК | orun dʒok |
| RISERVATO | КАМДЫК БУЙРУТМАЛАГАН | kamdık bujrutmalagan |
| | | |
| AMMINISTRAZIONE | АДМИНИСТРАЦИЯ | administratsija |
| RISERVATO AL PERSONALE | ЖААМАТ ҮЧҮН ГАНА | dʒaamat ytʃyn gana |
| | | |
| ATTENTI AL CANE | КАБАНААК ИТ | kabanaak it |
| VIETATO FUMARE! | ТАМЕКИ ЧЕГҮҮГӨ БОЛБОЙТ! | tameki tʃegyygø bolbojt! |
| NON TOCCARE | КОЛУҢАР МЕНЕН КАРМАБАГЫЛА! | koluŋar menen karmabagıla! |
| | | |
| PERICOLOSO | КООПТУУ | kooptuu |
| PERICOLO | КОРКУНУЧ | korkunutʃ |
| ALTA TENSIONE | ЖОГОРКУ ЧЫҢАЛУУ | dʒogorku tʃıŋaluu |
| DIVIETO DI BALNEAZIONE | СУУГА ТҮШҮҮГӨ БОЛБОЙТ | suuga tyʃyygø bolbojt |
| GUASTO | ИШТЕБЕЙТ | iʃtebejt |
| | | |
| INFIAMMABILE | ӨРТ ЧЫГУУ КОРКУНУЧУ | ørt tʃıguu korkunutʃu |
| VIETATO | ТЫЮУ САЛЫНГАН | tijuu salıngan |
| VIETATO L'INGRESSO | ӨТҮҮГӨ БОЛБОЙТ | øtyygø bolbojt |
| VERNICE FRESCA | СЫРДАЛГАН | sırdalgan |

## 56. Mezzi pubblici in città

| | | |
|---|---|---|
| autobus (m) | автобус | avtobus |
| tram (m) | трамвай | tramvaj |
| filobus (m) | троллейбус | trollejbus |

| Italiano | Chirghiso (cirillico) | Chirghiso (traslitterato) |
|---|---|---|
| itinerario (m) | каттам | kattam |
| numero (m) | номер | nomer |
| | | |
| andare in ... | ... жүрүү | ... dʒyryy |
| salire (~ sull'autobus) | ... отуруу | ... oturuu |
| scendere da ... | ... түшүп калуу | ... tyʃyp kaluu |
| | | |
| fermata (f) (~ dell'autobus) | аялдама | ajaldama |
| prossima fermata (f) | кийинки аялдама | kijinki ajaldama |
| capolinea (m) | акыркы аялдама | akırkı ajaldama |
| orario (m) | ырааттама | ıraattama |
| aspettare (vt) | күтүү | kytyy |
| | | |
| biglietto (m) | билет | bilet |
| prezzo (m) del biglietto | билеттин баасы | bilettin baası |
| | | |
| cassiere (m) | кассир | kassir |
| controllo (m) dei biglietti | текшерүү | tekʃeryy |
| bigliettaio (m) | текшерүүчү | tekʃeryytʃy |
| | | |
| essere in ritardo | кечигүү | ketʃigyy |
| perdere (~ il treno) | кечигип калуу | ketʃigip kaluu |
| avere fretta | шашуу | ʃaʃuu |
| | | |
| taxi (m) | такси | taksi |
| taxista (m) | такси айдоочу | taksi ajdootʃu |
| in taxi | таксиде | takside |
| parcheggio (m) di taxi | такси токтоочу жай | taksi toktootʃu dʒaj |
| chiamare un taxi | такси чакыруу | taksi tʃakıruu |
| prendere un taxi | такси кармоо | taksi karmoo |
| | | |
| traffico (m) | көчө кыймылы | køtʃø kıjmılı |
| ingorgo (m) | тыгын | tıgın |
| ore (f pl) di punta | кызуу маал | kızuu maal |
| parcheggiarsi (vr) | токтотуу | toktotuu |
| parcheggiare (vt) | машинаны жайлаштыруу | maʃinanı dʒajlaʃtıruu |
| parcheggio (m) | унаа токтоочу жай | unaa toktootʃu dʒaj |
| | | |
| metropolitana (f) | метро | metro |
| stazione (f) | бекет | beket |
| prendere la metropolitana | метродо жүрүү | metrodo dʒyryy |
| treno (m) | поезд | poezd |
| stazione (f) ferroviaria | вокзал | vokzal |

## 57. Visita turistica

| Italiano | Chirghiso (cirillico) | Chirghiso (traslitterato) |
|---|---|---|
| monumento (m) | эстелик | estelik |
| fortezza (f) | чеп | tʃep |
| palazzo (m) | сарай | saraj |
| castello (m) | сепил | sepil |
| torre (f) | мунара | munara |
| mausoleo (m) | күмбөз | kymbøz |
| architettura (f) | архитектура | arχitektura |
| medievale (agg) | орто кылымдык | orto kılımdık |

| Italiano | Chirghiso (cirillico) | Chirghiso (latino) |
|---|---|---|
| antico (agg) | байыркы | bajırkı |
| nazionale (agg) | улуттук | uluttuk |
| famoso (agg) | тааныmал | taanımal |
| | | |
| turista (m) | турист | turist |
| guida (f) | гид | gid |
| escursione (f) | экскурсия | ekskursija |
| fare vedere | көрсөтүү | kørsøtyy |
| raccontare (vt) | айтып берүү | ajtıp beryy |
| | | |
| trovare (vt) | табуу | tabuu |
| perdersi (vr) | адашып кетүү | adaʃıp ketyy |
| mappa (f) (~ della metropolitana) | схема | sχema |
| piantina (f) (~ della città) | план | plan |
| | | |
| souvenir (m) | асембелек | asembelek |
| negozio (m) di articoli da regalo | асембелек дүкөнү | asembelek dykøny |
| fare foto | сүрөткө тартуу | syrøtkø tartuu |
| fotografarsi | сүрөткө түшүү | syrøtkø tyʃyy |

## 58. Acquisti

| Italiano | Chirghiso (cirillico) | Chirghiso (latino) |
|---|---|---|
| comprare (vt) | сатып алуу | satıp aluu |
| acquisto (m) | сатып алуу | satıp aluu |
| fare acquisti | сатып алууга чыгуу | satıp aluuga tʃıguu |
| shopping (m) | базарчылоо | bazartʃıloo |
| | | |
| essere aperto (negozio) | иштөө | iʃtøø |
| essere chiuso | жабылуу | dʒabıluu |
| | | |
| calzature (f pl) | бут кийим | but kijim |
| abbigliamento (m) | кийим-кече | kijim-ketʃe |
| cosmetica (f) | упа-эндик | upa-endik |
| alimentari (m pl) | азык-түлүк | azık-tylyk |
| regalo (m) | белек | belek |
| | | |
| commesso (m) | сатуучу | satuutʃu |
| commessa (f) | сатуучу кыз | satuutʃu kız |
| | | |
| cassa (f) | касса | kassa |
| specchio (m) | күзгү | kyzgy |
| banco (m) | прилавок | prilavok |
| camerino (m) | кийим ченөөчү бөлмө | kijim tʃenøøtʃy bølmø |
| | | |
| provare (~ un vestito) | кийим ченөө | kijim tʃenøø |
| stare bene (vestito) | ылайык келүү | ılajık kelyy |
| piacere (vi) | жактыруу | dʒaktıruu |
| | | |
| prezzo (m) | баа | baa |
| etichetta (f) del prezzo | баа | baa |
| costare (vt) | туруу | turuu |
| Quanto? | Канча? | kantʃa? |

| | | |
|---|---|---|
| sconto (m) | арзандатуу | arzandatuu |
| no muy caro (agg) | кымбат эмес | kımbat emes |
| a buon mercato | арзан | arzan |
| caro (agg) | кымбат | kımbat |
| È caro | Бул кымбат | bul kımbat |

| | | |
|---|---|---|
| noleggio (m) | ижара | idʒara |
| noleggiare (~ un abito) | ижарага алуу | idʒaraga aluu |
| credito (m) | насыя | nasıja |
| a credito | насыяга алуу | nasıjaga aluu |

## 59. Denaro

| | | |
|---|---|---|
| soldi (m pl) | акча | aktʃa |
| cambio (m) | алмаштыруу | almaʃtıruu |
| corso (m) di cambio | курс | kurs |
| bancomat (m) | банкомат | bankomat |
| moneta (f) | тыйын | tıjın |

| | | |
|---|---|---|
| dollaro (m) | доллар | dollar |
| euro (m) | евро | evro |

| | | |
|---|---|---|
| lira (f) | италиялык лира | italijalık lira |
| marco (m) | немис маркасы | nemis markası |
| franco (m) | франк | frank |
| sterlina (f) | фунт стерлинг | funt sterling |
| yen (m) | йена | jena |

| | | |
|---|---|---|
| debito (m) | карыз | karız |
| debitore (m) | карыздар | karızdar |
| prestare (~ i soldi) | карызга берүү | karızga beryy |
| prendere in prestito | карызга алуу | karızga aluu |

| | | |
|---|---|---|
| banca (f) | банк | bank |
| conto (m) | эсеп | esep |
| versare (vt) | салуу | saluu |
| versare sul conto | эсепке акча салуу | esepke aktʃa saluu |
| prelevare dal conto | эсептен акча чыгаруу | esepten aktʃa tʃıgaruu |

| | | |
|---|---|---|
| carta (f) di credito | насыя картасы | nasıja kartası |
| contanti (m pl) | нактылай акча | naktalaj aktʃa |
| assegno (m) | чек | tʃek |
| emettere un assegno | чек жазып берүү | tʃek dʒazıp beryy |
| libretto (m) di assegni | чек китепчеси | tʃek kiteptʃesi |

| | | |
|---|---|---|
| portafoglio (m) | намыян | namıjan |
| borsellino (m) | капчык | kaptʃık |
| cassaforte (f) | сейф | sejf |

| | | |
|---|---|---|
| erede (m) | мураскер | murasker |
| eredità (f) | мурас | muras |
| fortuna (f) | мүлк | mylk |
| affitto (m), locazione (f) | ижара | idʒara |
| canone (m) d'affitto | батир акысы | batir akısı |

| | | |
|---|---|---|
| affittare (dare in affitto) | батирге алуу | batirge aluu |
| prezzo (m) | баа | baa |
| costo (m) | баа | baa |
| somma (f) | сумма | summa |
| | | |
| spendere (vt) | коротуу | korotuu |
| spese (f pl) | чыгым | tʃıgım |
| economizzare (vi, vt) | үнөмдөө | ynømdøø |
| economico (agg) | сарамжал | saramdʒal |
| | | |
| pagare (vi, vt) | төлөө | tøløø |
| pagamento (m) | акы төлөө | akı tøløø |
| resto (m) (dare il ~) | кайтарылган майда акча | kajtarılgan majda aktʃa |
| | | |
| imposta (f) | салык | salık |
| multa (f), ammenda (f) | айып | ajıp |
| multare (vt) | айып пул салуу | ajıp pul saluu |

## 60. Posta. Servizio postale

| | | |
|---|---|---|
| ufficio (m) postale | почта | potʃta |
| posta (f) (lettere, ecc.) | почта | potʃta |
| postino (m) | кат ташуучу | kat taʃuutʃu |
| orario (m) di apertura | иш сааттары | iʃ saattarı |
| | | |
| lettera (f) | кат | kat |
| raccomandata (f) | тапшырык кат | tapʃırık kat |
| cartolina (f) | открытка | otkrıtka |
| telegramma (m) | телеграмма | telegramma |
| pacco (m) postale | посылка | posılka |
| vaglia (m) postale | акча которуу | aktʃa kotoruu |
| | | |
| ricevere (vt) | алуу | aluu |
| spedire (vt) | жөнөтүү | dʒønøtyy |
| invio (m) | жөнөтүү | dʒønøtyy |
| | | |
| indirizzo (m) | дарек | darek |
| codice (m) postale | индекс | indeks |
| | | |
| mittente (m) | жөнөтүүчү | dʒønøtyytʃy |
| destinatario (m) | алуучу | aluutʃu |
| | | |
| nome (m) | аты | atı |
| cognome (m) | фамилиясы | familijası |
| | | |
| tariffa (f) | тариф | tarif |
| ordinario (agg) | жөнөкөй | dʒønøkøj |
| standard (agg) | үнөмдүү | ynømdyy |
| | | |
| peso (m) | салмак | salmak |
| pesare (vt) | таразалоо | tarazaloo |
| busta (f) | конверт | konvert |
| francobollo (m) | марка | marka |
| affrancare (vt) | марка жабыштыруу | marka dʒabıʃtıruu |

# Abitazione. Casa

## 61. Casa. Elettricità

| | | |
|---|---|---|
| elettricità (f) | электр кубаты | elektr kubatı |
| lampadina (f) | чырак | tʃırak |
| interruttore (m) | өчүргүч | øtʃyrgytʃ |
| fusibile (m) | эриме сактагыч | erime saktagıtʃ |
| | | |
| filo (m) | зым | zım |
| impianto (m) elettrico | электр зымы | elektr zımı |
| contatore (m) dell'elettricità | электр эсептегич | elektr eseptegitʃ |
| lettura, indicazione (f) | көрсөтүү ченем | kørsøtyy tʃenem |

## 62. Villa. Palazzo

| | | |
|---|---|---|
| casa (f) di campagna | шаар четиндеги үй | ʃaar tʃetindegi yj |
| villa (f) | вилла | villa |
| ala (f) | канат | kanat |
| | | |
| giardino (m) | бакча | baktʃa |
| parco (m) | сейил багы | sejil bagı |
| serra (f) | күнөскана | kynøskana |
| prendersi cura (~ del giardino) | кароо | karoo |
| | | |
| piscina (f) | бассейн | bassejn |
| palestra (f) | машыгуу залы | maʃiguu zalı |
| campo (m) da tennis | теннис корту | tennis kortu |
| home cinema (m) | кинотеатр | kinoteatr |
| garage (m) | гараж | garadʒ |
| | | |
| proprietà (f) privata | жеке менчик | dʒeke mentʃik |
| terreno (m) privato | жеке ээликте | dʒeke eelikte |
| | | |
| avvertimento (m) | эскертүү | eskertyy |
| cartello (m) di avvertimento | эскертүү белгиси | eskertyy belgisi |
| | | |
| sicurezza (f) | күзөт | kyzøt |
| guardia (f) giurata | кароолчу | karooltʃu |
| allarme (m) antifurto | сигнализация | signalizatsija |

## 63. Appartamento

| | | |
|---|---|---|
| appartamento (m) | батир | batir |
| camera (f), stanza (f) | бөлмө | bølmø |

| | | |
|---|---|---|
| camera (f) da letto | уктоочу бөлмө | uktootʃu bølmø |
| sala (f) da pranzo | ашкана | aʃkana |
| salotto (m) | конок үйү | konok yjy |
| studio (m) | иш бөлмөсү | iʃ bølmøsy |
| | | |
| ingresso (m) | кире бериш | kire beriʃ |
| bagno (m) | ванная | vannaja |
| gabinetto (m) | дааратканa | daaratkana |
| | | |
| soffitto (m) | шып | ʃıp |
| pavimento (m) | пол | pol |
| angolo (m) | бурч | burtʃ |

## 64. Arredamento. Interno

| | | |
|---|---|---|
| mobili (m pl) | эмерек | emerek |
| tavolo (m) | стол | stol |
| sedia (f) | стул | stul |
| letto (m) | керебет | kerebet |
| divano (m) | диван | divan |
| poltrona (f) | олпок отургуч | olpok oturgutʃ |
| | | |
| libreria (f) | китеп шкафы | kitep ʃkafı |
| ripiano (m) | текче | tektʃe |
| | | |
| armadio (m) | шкаф | ʃkaf |
| attaccapanni (m) da parete | кийим илгич | kijim ilgitʃ |
| appendiabiti (m) da terra | кийим илгич | kijim ilgitʃ |
| | | |
| comò (m) | комод | komod |
| tavolino (m) da salotto | журнал столу | dʒurnal stolu |
| | | |
| specchio (m) | күзгү | kyzgy |
| tappeto (m) | килем | kilem |
| tappetino (m) | килемче | kilemtʃe |
| | | |
| camino (m) | очок | otʃok |
| candela (f) | шам | ʃam |
| candeliere (m) | шамдал | ʃamdal |
| | | |
| tende (f pl) | парда | parda |
| carta (f) da parati | туш кагаз | tuʃ kagaz |
| tende (f pl) alla veneziana | жалюзи | dʒaldʒuzi |
| | | |
| lampada (f) da tavolo | стол чырагы | stol tʃıragı |
| lampada (f) da parete | чырак | tʃırak |
| | | |
| lampada (f) a stelo | торшер | torʃer |
| lampadario (m) | асма шам | asma ʃam |
| | | |
| gamba (f) | бут | but |
| bracciolo (m) | чыканак такооч | tʃıkanak takootʃ |
| spalliera (f) | жөлөнгүч | dʒøløngytʃ |
| cassetto (m) | суурма | suurma |

## 65. Biancheria da letto

| | | |
|---|---|---|
| biancheria (f) da letto | шейшеп | ʃejʃep |
| cuscino (m) | жаздык | dʒazdık |
| federa (f) | жаздык кап | dʒazdık kap |
| coperta (f) | жууркан | dʒuurkan |
| lenzuolo (m) | шейшеп | ʃejʃep |
| copriletto (m) | жапкыч | dʒapkıtʃ |

## 66. Cucina

| | | |
|---|---|---|
| cucina (f) | ашкана | aʃkana |
| gas (m) | газ | gaz |
| fornello (m) a gas | газ плитасы | gaz plitası |
| fornello (m) elettrico | электр плитасы | elektr plitası |
| forno (m) | духовка | duχovka |
| forno (m) a microonde | микротолкун меши | mikrotolkun meʃi |
| frigorifero (m) | муздаткыч | muzdatkıtʃ |
| congelatore (m) | тоңдургуч | toŋdurgutʃ |
| lavastoviglie (f) | идиш жуучу машина | idiʃ dʒuutʃu maʃina |
| tritacarne (m) | эт туурагыч | et tuuragıtʃ |
| spremifrutta (m) | шире сыккыч | ʃire sıkkıtʃ |
| tostapane (m) | тостер | toster |
| mixer (m) | миксер | mikser |
| macchina (f) da caffè | кофе кайнаткыч | kofe kajnatkıtʃ |
| caffettiera (f) | кофе кайнатуучу идиш | kofe kajnatuutʃu idiʃ |
| macinacaffè (m) | кофе майдалагыч | kofe majdalagıtʃ |
| bollitore (m) | чайнек | tʃajnek |
| teiera (f) | чайнек | tʃajnek |
| coperchio (m) | капкак | kapkak |
| colino (m) da tè | чыпка | tʃıpka |
| cucchiaio (m) | кашык | kaʃık |
| cucchiaino (m) da tè | чай кашык | tʃaj kaʃık |
| cucchiaio (m) | аш кашык | aʃ kaʃık |
| forchetta (f) | вилка | vilka |
| coltello (m) | бычак | bıtʃak |
| stoviglie (f pl) | идиш-аяк | idiʃ-ajak |
| piatto (m) | табак | tabak |
| piattino (m) | табак | tabak |
| cicchetto (m) | рюмка | rʉmka |
| bicchiere (m) (~ d'acqua) | ыстакан | ıstakan |
| tazzina (f) | чөйчөк | tʃøjtʃøk |
| zuccheriera (f) | кум шекер салгыч | kum ʃeker salgıtʃ |
| saliera (f) | туз салгыч | tuz salgıtʃ |
| pepiera (f) | мурч салгыч | murtʃ salgıtʃ |

| burriera (f) | май салгыч | maj salgıtʃ |
| pentola (f) | мискей | miskej |
| padella (f) | табак | tabak |
| mestolo (m) | чөмүч | tʃømytʃ |
| colapasta (m) | депкир | depkir |
| vassoio (m) | батыныс | batınıs |

| bottiglia (f) | бөтөлкө | bøtølkø |
| barattolo (m) di vetro | банка | banka |
| latta, lattina (f) | банка | banka |

| apribottiglie (m) | ачкыч | atʃkıtʃ |
| apriscatole (m) | ачкыч | atʃkıtʃ |
| cavatappi (m) | штопор | ʃtopor |
| filtro (m) | чыпка | tʃıpka |
| filtrare (vt) | чыпкалоо | tʃıpkaloo |

| spazzatura (f) | таштанды | taʃtandı |
| pattumiera (f) | таштанды чака | taʃtandı tʃaka |

## 67. Bagno

| bagno (m) | ванная | vannaja |
| acqua (f) | суу | suu |
| rubinetto (m) | чорго | tʃorgo |
| acqua (f) calda | ысык суу | ısık suu |
| acqua (f) fredda | муздак суу | muzdak suu |

| dentifricio (m) | тиш пастасы | tiʃ pastası |
| lavarsi i denti | тиш жуу | tiʃ dʒuu |
| spazzolino (m) da denti | тиш щёткасы | tiʃ ʃtʃotkası |

| rasarsi (vr) | кырынуу | kırınuu |
| schiuma (f) da barba | кырынуу үчүн көбүк | kırınuu ytʃyn købyk |
| rasoio (m) | устара | ustara |

| lavare (vt) | жуу | dʒuu |
| fare un bagno | жуунуу | dʒuunuu |
| doccia (f) | душ | duʃ |
| fare una doccia | душка түшүү | duʃka tyʃyy |

| vasca (f) da bagno | ванна | vanna |
| water (m) | унитаз | unitaz |
| lavandino (m) | раковина | rakovina |

| sapone (m) | самын | samın |
| porta (m) sapone | самын салгыч | samın salgıtʃ |

| spugna (f) | губка | gubka |
| shampoo (m) | шампунь | ʃampunʲ |
| asciugamano (m) | сүлгү | sylgy |
| accappatoio (m) | халат | χalat |
| bucato (m) | кир жуу | kir dʒuu |
| lavatrice (f) | кир жуучу машина | kir dʒuutʃu maʃina |

| | | |
|---|---|---|
| fare il bucato | кир жуу | kir dʒuu |
| detersivo (m) per il bucato | кир жуучу порошок | kir dʒuutʃu poroʃok |

## 68. Elettrodomestici

| | | |
|---|---|---|
| televisore (m) | сыналгы | sınalgı |
| registratore (m) a nastro | магнитофон | magnitofon |
| videoregistratore (m) | видеомагнитофон | videomagnitofon |
| radio (f) | үналгы | ynalgı |
| lettore (m) | плеер | pleer |
| | | |
| videoproiettore (m) | видеопроектор | videoproektor |
| home cinema (m) | үй кинотеатры | yj kinoteatrı |
| lettore (m) DVD | DVD ойноткуч | dividi ojnotkutʃ |
| amplificatore (m) | күчөткүч | kytʃøtkytʃ |
| console (f) video giochi | оюн приставкасы | ojun pristavkası |
| | | |
| videocamera (f) | видеокамера | videokamera |
| macchina (f) fotografica | фотоаппарат | fotoapparat |
| fotocamera (f) digitale | санарип камерасы | sanarip kamerası |
| | | |
| aspirapolvere (m) | чаң соргуч | tʃaŋ sorgutʃ |
| ferro (m) da stiro | үтүк | ytyk |
| asse (f) da stiro | үтүктөөчү тактай | ytyktøøtʃy taktaj |
| | | |
| telefono (m) | телефон | telefon |
| telefonino (m) | мобилдик | mobildik |
| macchina (f) da scrivere | машинка | maʃinka |
| macchina (f) da cucire | кийим тигүүчү машинка | kijim tigyytʃy maʃinka |
| | | |
| microfono (m) | микрофон | mikrofon |
| cuffia (f) | кулакчын | kulaktʃın |
| telecomando (m) | пульт | pulʲt |
| | | |
| CD (m) | CD, компакт-диск | sidi, kompakt-disk |
| cassetta (f) | кассета | kasseta |
| disco (m) (vinile) | пластинка | plastinka |

# ATTIVITÀ UMANA

## Lavoro. Affari. Parte 1

### 69. Ufficio. Lavorare in ufficio

| | | |
|---|---|---|
| uffici (m pl) (gli ~ della società) | офис | ofis |
| ufficio (m) | кабинет | kabinet |
| portineria (f) | кабыл алуу катчысы | kabıl aluu kattʃısı |
| segretario (m) | катчы | kattʃı |
| segretaria (f) | катчы аял | kattʃı ajal |
| | | |
| direttore (m) | директор | direktor |
| manager (m) | башкаруучу | baʃkaruutʃu |
| contabile (m) | бухгалтер | buxgalter |
| impiegato (m) | кызматкер | kızmatker |
| | | |
| mobili (m pl) | эмерек | emerek |
| scrivania (f) | стол | stol |
| poltrona (f) | кресло | kreslo |
| cassettiera (f) | үкөк | ykøk |
| appendiabiti (m) da terra | кийим илгич | kijim ilgitʃ |
| | | |
| computer (m) | компьютер | kompjʉter |
| stampante (f) | принтер | printer |
| fax (m) | факс | faks |
| fotocopiatrice (f) | көчүрүүчү аппарат | køtʃyryytʃy apparat |
| | | |
| carta (f) | кагаз | kagaz |
| cancelleria (f) | кеңсе буюмдары | keŋse bujumdarı |
| tappetino (m) del mouse | килемче | kilemtʃe |
| foglio (m) | баракча | baraktʃa |
| cartella (f) | папка | papka |
| | | |
| catalogo (m) | каталог | katalog |
| elenco (m) del telefono | абоненттердин тизмеси | abonentterdin tizmesi |
| documentazione (f) | документтер | dokumentter |
| opuscolo (m) | китепче | kiteptʃe |
| volantino (m) | баракча | baraktʃa |
| campione (m) | үлгү | ylgy |
| | | |
| formazione (f) | окутуу | okutuu |
| riunione (f) | кеңеш | keŋeʃ |
| pausa (f) pranzo | түшкү танапис | tyʃky tanapis |
| | | |
| copiare (vt) | көчүрмө алуу | køtʃyrmø aluu |
| fare copie | көбөйтүү | købøjtyy |
| ricevere un fax | факс алуу | faks aluu |
| spedire un fax | факс жөнөтүү | faks dʒønøtyy |

| | | |
|---|---|---|
| telefonare (vi, vt) | чалуу | tʃaluu |
| rispondere (vi, vt) | жооп берүү | dʒoop beryy |
| passare (glielo passo) | байланыштыруу | bajlanıʃtıruu |
| | | |
| fissare (organizzare) | уюштуруу | ujuʃturuu |
| dimostrare (vt) | көрсөтүү | kørsøtyy |
| essere assente | келбей калуу | kelbej kaluu |
| assenza (f) | барбай калуу | barbaj kaluu |

## 70. Operazioni d'affari. Parte 1

| | | |
|---|---|---|
| attività (f) | иш | iʃ |
| occupazione (f) | жумуш | dʒumuʃ |
| | | |
| ditta (f) | фирма | firma |
| compagnia (f) | компания | kompanija |
| corporazione (f) | корпорация | korporatsija |
| impresa (f) | ишкана | iʃkana |
| agenzia (f) | агенттик | agenttik |
| | | |
| accordo (m) | келишим | keliʃim |
| contratto (m) | контракт | kontrakt |
| affare (m) | бүтүм | bytym |
| ordine (m) (ordinazione) | буйрутма | bujrutma |
| termine (m) dell'accordo | шарт | ʃart |
| | | |
| all'ingrosso | дүң менен | dyŋ menen |
| all'ingrosso (agg) | дүңүнөн | dyŋynøn |
| vendita (f) all'ingrosso | дүң соода | dyŋ sooda |
| al dettaglio (agg) | чекене | tʃekene |
| vendita (f) al dettaglio | чекене соода | tʃekene sooda |
| | | |
| concorrente (m) | атаандаш | ataandaʃ |
| concorrenza (f) | атаандаштык | ataandaʃtık |
| competere (vi) | атаандашуу | ataandaʃuu |
| | | |
| socio (m), partner (m) | өнөктөш | ønøktøʃ |
| partenariato (m) | өнөктөштүк | ønøktøʃtyk |
| | | |
| crisi (f) | каатчылык | kaattʃılık |
| bancarotta (f) | кудуретсиздик | kuduretsizdik |
| fallire (vi) | кудуретсиз калуу | kuduretsiz kaluu |
| difficoltà (f) | кыйынчылык | kıjıntʃılık |
| problema (m) | көйгөй | køjgøj |
| disastro (m) | киши көрбөсүн | kiʃi kørbøsyn |
| | | |
| economia (f) | экономика | ekonomika |
| economico (agg) | экономикалык | ekonomikalık |
| recessione (f) economica | экономикалык төмөндөө | ekonomikalık tømøndøø |
| | | |
| scopo (m), obiettivo (m) | максат | maksat |
| incarico (m) | маселе | masele |
| commerciare (vi) | соодалашуу | soodalaʃuu |
| rete (f) (~ di distribuzione) | тармак | tarmak |

| | | |
|---|---|---|
| giacenza (f) | кампа | kampa |
| assortimento (m) | ассортимент | assortiment |
| | | |
| leader (m), capo (m) | алдыңкы катардагы | aldıŋkı katardagı |
| grande (agg) | ири | iri |
| monopolio (m) | монополия | monopolija |
| | | |
| teoria (f) | теория | teorija |
| pratica (f) | тажрыйба | tadʒrıjba |
| esperienza (f) | тажрыйба | tadʒrıjba |
| tendenza (f) | умтулуу | umtuluu |
| sviluppo (m) | өнүгүү | ønygyy |

## 71. Operazioni d'affari. Parte 2

| | | |
|---|---|---|
| profitto (m) | пайда | pajda |
| profittevole (agg) | майнаптуу | majnaptuu |
| | | |
| delegazione (f) | делегация | delegatsija |
| stipendio (m) | кызмат акы | kızmat akı |
| correggere (vt) | түзөтүү | tyzøtyy |
| viaggio (m) d'affari | иш сапар | iʃ sapar |
| commissione (f) | комиссия | komissija |
| | | |
| controllare (vt) | башкаруу | baʃkaruu |
| conferenza (f) | иш жыйын | iʃ dʒıjın |
| licenza (f) | лицензия | litsenzija |
| affidabile (agg) | ишеничтүү | iʃenitʃtyy |
| | | |
| iniziativa (f) (progetto nuovo) | демилге | demilge |
| norma (f) | стандарт | standart |
| circostanza (f) | жагдай | dʒagdaj |
| mansione (f) | милдет | mildet |
| | | |
| impresa (f) | уюм | ujʉm |
| organizzazione (f) | уюштуруу | ujʉʃturuu |
| organizzato (agg) | уюштурулган | ujʉʃturulgan |
| annullamento (m) | токтотуу | toktotuu |
| annullare (vt) | жокко чыгаруу | dʒokko tʃıgaruu |
| rapporto (m) (~ ufficiale) | отчет | ottʃet |
| | | |
| brevetto (m) | патент | patent |
| brevettare (vt) | патенттөө | patentøø |
| pianificare (vt) | пландаштыруу | plandaʃtıruu |
| | | |
| premio (m) | сыйлык | sıjlık |
| professionale (agg) | кесипкөй | kesipkøj |
| procedura (f) | тартип | tartip |
| | | |
| esaminare (~ un contratto) | карап чыгуу | karap tʃıguu |
| calcolo (m) | эсеп-кысап | esep-kısap |
| reputazione (f) | аброй | abroj |
| rischio (m) | тобокел | tobokel |
| dirigere (~ un'azienda) | башкаруу | baʃkaruu |

| | | |
|---|---|---|
| informazioni (f pl) | маалымат | maalımat |
| proprietà (f) | менчик | mentʃik |
| unione (f) | бирикме | birikme |
| (~ Italiana Vini, ecc.) | | |

| | | |
|---|---|---|
| assicurazione (f) sulla vita | жашоону камсыздандыруу | dʒaʃoonu kamsızdandıruu |
| assicurare (vt) | камсыздандыруу | kamsızdandıruu |
| assicurazione (f) | камсыздандыруу | kamsızdandıruu |

| | | |
|---|---|---|
| asta (f) | тооруқ | tooruk |
| avvisare (informare) | билдирүү | bildiryy |
| gestione (f) | башкаруу | baʃkaruu |
| servizio (m) | кызмат | kızmat |

| | | |
|---|---|---|
| forum (m) | форум | forum |
| funzionare (vi) | иш-милдетти аткаруу | iʃ-mildetti atkaruu |
| stadio (m) (fase) | кадам | kadam |
| giuridico (agg) | укуктуу | ukuktuu |
| esperto (m) legale | юрист | jʉrist |

## 72. Attività produttiva. Lavori

| | | |
|---|---|---|
| stabilimento (m) | завод | zavod |
| fabbrica (f) | фабрика | fabrika |
| officina (f) di produzione | цех | tsex |
| stabilimento (m) | өндүрүш | øndyryʃ |

| | | |
|---|---|---|
| industria (f) | өнөр-жай | ønør-dʒaj |
| industriale (agg) | өнөр-жай | ønør-dʒaj |
| industria (f) pesante | оор өнөр-жай | oor ønør-dʒaj |
| industria (f) leggera | жеңил өнөр-жай | dʒeŋil ønør-dʒaj |

| | | |
|---|---|---|
| prodotti (m pl) | өндүрүм | øndyrym |
| produrre (vt) | өндүрүү | øndyryy |
| materia (f) prima | чийки зат | tʃijki zat |

| | | |
|---|---|---|
| caposquadra (m) | бригадир | brigadir |
| squadra (f) | бригада | brigada |
| operaio (m) | жумушчу | dʒumuʃtʃu |

| | | |
|---|---|---|
| giorno (m) lavorativo | иш күнү | iʃ kyny |
| pausa (f) | тыныгуу | tınıguu |
| riunione (f) | чогулуш | tʃoguluʃ |
| discutere (~ di un problema) | талкуулоо | talkuuloo |

| | | |
|---|---|---|
| piano (m) | план | plan |
| eseguire il piano | планды аткаруу | plandı atkaruu |
| tasso (m) di produzione | иштеп чыгаруу коюму | iʃtep tʃıgaruu kojʉmu |
| qualità (f) | сапат | sapat |
| controllo (m) | текшерүү | tekʃeryy |
| controllo (m) di qualità | сапат текшерүү | sapat tekʃeryy |
| sicurezza (f) sul lavoro | эмгек коопсуздугу | emgek koopsuzdugu |
| disciplina (f) | тартип | tartip |

| | | |
|---|---|---|
| infrazione (f) | бузуу | buzuu |
| violare (~ le regole) | бузуу | buzuu |
| | | |
| sciopero (m) | ишти калтыруу | iʃti kaltıruu |
| scioperante (m) | иш калтыргыч | iʃ kaltırgıtʃ |
| fare sciopero | ишти калтыруу | iʃti kaltıruu |
| sindacato (m) | профсоюз | profsojʉz |
| | | |
| inventare (vt) | ойлоп табуу | ojlop tabuu |
| invenzione (f) | ойлоп табылган нерсе | ojlop tabılgan nerse |
| ricerca (f) | изилдөө | izildøø |
| migliorare (vt) | жакшыртуу | dʒakʃırtuu |
| tecnologia (f) | технология | teχnologija |
| disegno (m) tecnico | чийме | tʃijme |
| | | |
| carico (m) | жүк | dʒyk |
| caricatore (m) | жүк ташуучу | dʒyk taʃuutʃu |
| caricare (~ un camion) | жүктөө | dʒyktøø |
| caricamento (m) | жүктөө | dʒyktøø |
| scaricare (vt) | жүк түшүрүү | dʒyk tyʃuryy |
| scarico (m) | жүк түшүрүү | dʒyk tyʃyryy |
| | | |
| trasporto (m) | транспорт | transport |
| società (f) di trasporti | транспорттук компания | transporttuk kompanija |
| trasportare (vt) | транспорт менен ташуу | transport menen taʃuu |
| | | |
| vagone (m) merci | вагон | vagon |
| cisterna (f) | цистерна | tsısterna |
| camion (m) | жүк ташуучу машина | dʒyk taʃuutʃu maʃina |
| | | |
| macchina (f) utensile | станок | stanok |
| meccanismo (m) | механизм | meχanizm |
| | | |
| rifiuti (m pl) industriali | таштандылар | taʃtandılar |
| imballaggio (m) | таңгактоо | taŋgaktoo |
| imballare (vt) | таңгактоо | taŋgaktoo |

## 73. Contratto. Accordo

| | | |
|---|---|---|
| contratto (m) | контракт | kontrakt |
| accordo (m) | макулдашуу | makuldaʃuu |
| allegato (m) | тиркеме | tirkeme |
| | | |
| firmare un contratto | контракт түзүү | kontrakt tyzyy |
| firma (f) | кол тамга | kol tamga |
| firmare (vt) | кол коюу | kol kojʉu |
| timbro (m) (su documenti) | мөөр | møør |
| | | |
| oggetto (m) del contratto | келишимдин предмети | keliʃimdin predmeti |
| clausola (f) | пункт | punkt |
| parti (f pl) (in un contratto) | тараптар | taraptar |
| sede (f) legale | юридикалык дарек | jʉridikalık darek |
| sciogliere un contratto | контрактты бузуу | kontrakttı buzuu |
| obbligo (m) | милдеттенме | mildettenme |

| | | |
|---|---|---|
| responsabilità (f) | жоопкерчилик | dʒoopkertʃilik |
| forza (f) maggiore | форс-мажор | fors-madʒor |
| discussione (f) | талаш | talaʃ |
| sanzioni (f pl) | жаза чаралары | dʒaza tʃaraları |

## 74. Import-export

| | | |
|---|---|---|
| importazione (f) | импорт | import |
| importatore (m) | импорттоочу | importtootʃu |
| importare (vt) | импорттоо | importtoo |
| d'importazione (agg) | импорт | import |
| | | |
| esportazione (f) | экспорт | eksport |
| esportatore (m) | экспорттоочу | eksporttootʃu |
| esportare (vt) | экспорттоо | eksporttoo |
| d'esportazione (agg) | экспорт | eksport |
| | | |
| merce (f) | товар | tovar |
| carico (m) | жүк тобу | dʒyk tobu |
| | | |
| peso (m) | салмак | salmak |
| volume (m) | көлөм | køløm |
| metro (m) cubo | куб метр | kub metr |
| | | |
| produttore (m) | өндүрүүчү | øndyryytʃy |
| società (f) di trasporti | транспорттук компания | transporttuk kompanija |
| container (m) | контейнер | kontejner |
| | | |
| frontiera (f) | чек ара | tʃek ara |
| dogana (f) | бажыкана | badʒıkana |
| dazio (m) doganale | бажы салык | badʒı salık |
| doganiere (m) | бажы кызматкери | badʒı kızmatkeri |
| contrabbando (m) | контрабанда | kontrabanda |
| merci (f pl) contrabbandate | контрабанда | kontrabanda |

## 75. Mezzi finanziari

| | | |
|---|---|---|
| azione (f) | акция | aktsija |
| obbligazione (f) | баалуу кагаздар | baaluu kagazdar |
| cambiale (f) | вексель | vekselʲ |
| | | |
| borsa (f) | биржа | birdʒa |
| quotazione (f) | акциялар курсу | aktsijalar kursu |
| | | |
| diminuire di prezzo | арзандоо | arzandoo |
| aumentare di prezzo | кымбаттоо | kımbattoo |
| | | |
| quota (f) | үлүш | ylyʃ |
| pacchetto (m) di maggioranza | башкаруучу пакет | baʃkaruutʃu paket |
| | | |
| investimento (m) | салым | salım |
| investire (vt) | салым кылуу | salım kıluu |

| | | |
|---|---|---|
| percento (m) | пайыз | pajız |
| interessi (m pl) | пайыз менен пайда | pajız menen pajda |
| (su investimenti) | | |
| | | |
| profitto (m) | пайда | pajda |
| redditizio (agg) | майнаптуу | majnaptuu |
| imposta (f) | салык | salık |
| | | |
| valuta (f) (~ estera) | валюта | valɥta |
| nazionale (agg) | улуттук | uluttuk |
| cambio (m) (~ valuta) | алмаштыруу | almaʃtıruu |
| | | |
| contabile (m) | бухгалтер | buχgalter |
| ufficio (m) contabilità | бухгалтерия | buχgalterija |
| | | |
| bancarotta (f) | кудуретсиздик | kuduretsizdik |
| fallimento (m) | кыйроо | kıjroo |
| rovina (f) | жакырдануу | dʒakırdanuu |
| andare in rovina | жакырдануу | dʒakırdanuu |
| inflazione (f) | инфляция | infljatsija |
| svalutazione (f) | девальвация | devaljvatsija |
| | | |
| capitale (m) | капитал | kapital |
| reddito (m) | киреше | kireʃe |
| giro (m) di affari | жүгүртүлүш | dʒygyrtylyʃ |
| risorse (f pl) | такоолдор | takooldor |
| mezzi (m pl) finanziari | акча каражаттары | aktʃa karadʒattarı |
| | | |
| spese (f pl) generali | кошумча чыгашалар | koʃumtʃa tʃıgaʃalar |
| ridurre (~ le spese) | кыскартуу | kıskartuu |

## 76. Marketing

| | | |
|---|---|---|
| marketing (m) | базар таануу | bazar taanuu |
| mercato (m) | базар | bazar |
| segmento (m) di mercato | базар сегменти | bazar segmenti |
| prodotto (m) | өнүм | ønym |
| merce (f) | товар | tovar |
| | | |
| marca (f) | соода маркасы | sooda markası |
| marchio (m) di fabbrica | соода маркасы | sooda markası |
| logotipo (m) | фирмалык белги | firmalık belgi |
| logo (m) | логотип | logotip |
| | | |
| domanda (f) | талап | talap |
| offerta (f) | сунуш | sunuʃ |
| bisogno (m) | керек | kerek |
| consumatore (m) | керектөөчү | kerektøøtʃy |
| | | |
| analisi (f) | талдоо | taldoo |
| analizzare (vt) | талдоо | taldoo |
| posizionamento (m) | турак табуу | turak tabuu |
| posizionare (vt) | турак табуу | turak tabuu |
| prezzo (m) | баа | baa |

politica (f) dei prezzi  баа саясаты  baa sajasatı
determinazione (f) dei prezzi  баа чыгаруу  baa tʃıgaruu

## 77. Pubblicità

pubblicità (f)  жарнама  dʒarnama
pubblicizzare (vt)  жарнамалоо  dʒarnamaloo
bilancio (m) (budget)  бюджет  budʒet

annuncio (m)  жарнама  dʒarnama
pubblicità (f) televisiva  теле жарнама  tele dʒarnama
pubblicità (f) radiofonica  радио жарнама  radio dʒarnama
pubblicità (f) esterna  сырткы жарнама  sırtkı dʒarnama

mass media (m pl)  масс медия  mass medija
periodico (m)  мезгилдүү басылма  mezgildyy basılma
immagine (f)  имидж  imidʒ

slogan (m)  лозунг  lozung
motto (m)  ураан  uraan

campagna (f)  кампания  kampanija
campagna (f) pubblicitaria  жарнамалык кампания  dʒarnamalık kampanija
gruppo (m) di riferimento  максаттуу топ  maksattuu top

biglietto (m) da visita  таанытма  taanıtma
volantino (m)  баракча  baraktʃa
opuscolo (m)  китепче  kiteptʃe
pieghevole (m)  кат-кат китепче  kat-kat kiteptʃe
bollettino (m)  бюллетень  bulletenʲ

insegna (f) (di negozi, ecc.)  көрнөк  kørnøk
cartellone (m)  көрнөк  kørnøk
tabellone (m) pubblicitario  жарнамалык такта  dʒarnamalık takta

## 78. Attività bancaria

banca (f)  банк  bank
filiale (f)  бөлүм  bølym

consulente (m)  кеңешчи  keŋeʃtʃi
direttore (m)  башкаруучу  baʃkaruutʃu

conto (m) bancario  эсеп  esep
numero (m) del conto  эсеп номери  esep nomeri
conto (m) corrente  учурдагы эсеп  utʃurdagı esep
conto (m) di risparmio  топтолмо эсеп  toptolmo esep

aprire un conto  эсеп ачуу  esep atʃuu
chiudere il conto  эсеп жабуу  esep dʒabuu
versare sul conto  эсепке акча салуу  esepke aktʃa saluu
prelevare dal conto  эсептен акча чыгаруу  esepten aktʃa tʃıgaruu

| | | |
|---|---|---|
| deposito (m) | аманат | amanat |
| depositare (vt) | аманат кылуу | amanat kıluu |
| trasferimento (m) telegrafico | акча которуу | aktʃa kotoruu |
| rimettere i soldi | акча которуу | aktʃa kotoruu |
| | | |
| somma (f) | сумма | summa |
| Quanto? | Канча? | kantʃa? |
| | | |
| firma (f) | кол тамга | kol tamga |
| firmare (vt) | кол коюу | kol kojʉu |
| | | |
| carta (f) di credito | насыя картасы | nasıja kartası |
| codice (m) | код | kod |
| numero (m) della carta di credito | насыя картанын номери | nasıja kartanın nomeri |
| bancomat (m) | банкомат | bankomat |
| | | |
| assegno (m) | чек | tʃek |
| emettere un assegno | чек жазып берүү | tʃek dʒazıp beryy |
| libretto (m) di assegni | чек китепчеси | tʃek kiteptʃesi |
| | | |
| prestito (m) | насыя | nasıja |
| fare domanda per un prestito | насыя үчүн кайрылуу | nasıja ytʃyn kajrıluu |
| ottenere un prestito | насыя алуу | nasıja aluu |
| concedere un prestito | насыя берүү | nasıja beryy |
| garanzia (f) | кепилдик | kepildik |

## 79. Telefono. Conversazione telefonica

| | | |
|---|---|---|
| telefono (m) | телефон | telefon |
| telefonino (m) | мобилдик | mobildik |
| segreteria (f) telefonica | автоматтык жооп берүүчү | avtomattık dʒoop beryytʃy |
| | | |
| telefonare (vi, vt) | чалуу | tʃaluu |
| chiamata (f) | чакыруу | tʃakıruu |
| | | |
| comporre un numero | номер терүү | nomer teryy |
| Pronto! | Алло! | allo! |
| chiedere (domandare) | суроо | suroo |
| rispondere (vi, vt) | жооп берүү | dʒoop beryy |
| | | |
| udire (vt) | угуу | uguu |
| bene | жакшы | dʒakʃı |
| male | жаман | dʒaman |
| disturbi (m pl) | ызы-чуу | ızı-tʃuu |
| | | |
| cornetta (f) | трубка | trubka |
| alzare la cornetta | трубканы алуу | trubkanı aluu |
| riattaccare la cornetta | трубканы коюу | trubkanı kojʉu |
| | | |
| occupato (agg) | бош эмес | boʃ emes |
| squillare (del telefono) | шыңгыроо | ʃıŋgıroo |
| elenco (m) telefonico | телефондук китепче | telefonduk kiteptʃe |
| locale (agg) | жергиликтүү | dʒergiliktyy |

telefonata (f) urbana | жергиликтүү чакыруу | ʤergiliktyy tʃakıruu
interurbano (agg) | шаар аралык | ʃaar aralık
telefonata (f) interurbana | шаар аралык чакыруу | ʃaar aralık tʃakıruu
internazionale (agg) | эл аралык | el aralık
telefonata (f) internazionale | эл аралык чакыруу | el aralık tʃakıruu

## 80. Telefono cellulare

telefonino (m) | мобилдик | mobildik
schermo (m) | дисплей | displej
tasto (m) | баскыч | baskıtʃ
scheda SIM (f) | SIM-карта | sim-karta

pila (f) | батарея | batareja
essere scarico | зарядканын түгөнүүсү | zarʲadkanın tygønyysy
caricabatteria (m) | заряддоочу шайман | zarʲaddootʃu ʃajman

menù (m) | меню | menʉ
impostazioni (f pl) | орнотуулар | ornotuular
melodia (f) | обон | obon
scegliere (vt) | тандоо | tandoo

calcolatrice (f) | калькулятор | kalʲkulʲator
segreteria (f) telefonica | автоматтык жооп бергич | avtomattık ʤoop bergitʃ
sveglia (f) | ойготкуч | ojgotkutʃ
contatti (m pl) | байланыштар | bajlanıʃtar

messaggio (m) SMS | SMS-кабар | esemes-kabar
abbonato (m) | абонент | abonent

## 81. Articoli di cancelleria

penna (f) a sfera | калем сап | kalem sap
penna (f) stilografica | калем уч | kalem utʃ

matita (f) | карандаш | karandaʃ
evidenziatore (m) | маркер | marker
pennarello (m) | фломастер | flomaster

taccuino (m) | дептерче | deptertʃe
agenda (f) | күндөлүк | kyndølyk

righello (m) | сызгыч | sızgıtʃ
calcolatrice (f) | калькулятор | kalʲkulʲator
gomma (f) per cancellare | өчүргүч | øtʃyrgytʃ
puntina (f) | кнопка | knopka
graffetta (f) | кыскыч | kıskıtʃ

colla (f) | желим | ʤelim
pinzatrice (f) | степлер | stepler
perforatrice (f) | тешкич | teʃkitʃ
temperamatite (m) | учтагыч | utʃtagıtʃ

## 82. Generi di attività commerciali

| | | |
|---|---|---|
| servizi (m pl) di contabilità | бухгалтердик кызмат | buxgalterdik kızmat |
| pubblicità (f) | жарнама | dʒarnama |
| agenzia (f) pubblicitaria | жарнама агенттиги | dʒarnama agenttigi |
| condizionatori (m pl) d'aria | аба желдеткичтер | aba dʒeldetkitʃter |
| compagnia (f) aerea | авиакомпания | aviakompanija |
| | | |
| bevande (f pl) alcoliche | алкоголь ичимдиктери | alkogolʲ itʃimdikteri |
| antiquariato (m) | антиквариат | antikvariat |
| galleria (f) d'arte | арт-галерея | art-galereja |
| società (f) di revisione contabile | аудиторлук кызмат | auditorluk kızmat |
| | | |
| imprese (f pl) bancarie | банк бизнеси | bank biznesi |
| bar (m) | бар | bar |
| salone (m) di bellezza | сулуулук салону | suluuluk salonu |
| libreria (f) | китеп дүкөнү | kitep dykøny |
| birreria (f) | сыра чыгаруучу жай | sıra tʃıgaruutʃu dʒaj |
| business centre (m) | бизнес-борбор | biznes-borbor |
| scuola (f) di commercio | бизнес-мектеп | biznes-mektep |
| | | |
| casinò (m) | казино | kazino |
| edilizia (f) | курулуш | kuruluʃ |
| consulenza (f) | консалтинг | konsalting |
| | | |
| odontoiatria (f) | стоматология | stomatologija |
| design (m) | дизайн | dizajn |
| farmacia (f) | дарыкана | darıkana |
| lavanderia (f) a secco | химиялык тазалоо | ximijalık tazaloo |
| agenzia (f) di collocamento | кадрдык агенттиги | kadrdık agenttigi |
| | | |
| servizi (m pl) finanziari | каржылык кызматтар | kardʒılık kızmattar |
| industria (f) alimentare | азык-түлүк | azık-tylyk |
| agenzia (f) di pompe funebri | ырасым бюросу | ırasım bʉrosu |
| mobili (m pl) | эмерек | emerek |
| abbigliamento (m) | кийим | kijim |
| albergo, hotel (m) | мейманкана | mejmankana |
| | | |
| gelato (m) | бал муздак | bal muzdak |
| industria (f) | өнөр-жай | ønør-dʒaj |
| assicurazione (f) | камсыздандыруу | kamsızdandıruu |
| internet (f) | интернет | internet |
| investimenti (m pl) | салымдар | salımdar |
| | | |
| gioielliere (m) | зергер | zerger |
| gioielli (m pl) | зер буюмдар | zer bujumdar |
| lavanderia (f) | кир жуу ишканасы | kir dʒuu iʃkanası |
| consulente (m) legale | юридикалык кызматтар | juridikalık kızmattar |
| industria (f) leggera | жеңил өнөр-жай | dʒeŋil ønør-dʒaj |
| | | |
| rivista (f) | журнал | dʒurnal |
| vendite (f pl) per corrispondenza | каталог боюнча соода-сатык | katalog bojuntʃa sooda-satık |
| medicina (f) | медицина | meditsina |

| | | |
|---|---|---|
| cinema (m) | кинотеатр | kinoteatr |
| museo (m) | музей | muzej |
| | | |
| agenzia (f) di stampa | жаңылыктар агенттиги | dʒaŋılıktar agenttigi |
| giornale (m) | гезит | gezit |
| locale notturno (m) | түнкү клуб | tyŋky klub |
| | | |
| petrolio (m) | мунайзат | munajzat |
| corriere (m) espresso | чабармандык кызматы | tʃabarmandık kızmatı |
| farmaci (m pl) | фармацевтика | farmatsevtika |
| stampa (f) (~ di libri) | полиграфия | poligrafija |
| casa (f) editrice | басмакана | basmakana |
| | | |
| radio (f) | үналгы | ynalgı |
| beni (m pl) immobili | кыймылсыз мүлк | kıjmılsız mylk |
| ristorante (m) | ресторан | restoran |
| | | |
| agenzia (f) di sicurezza | күзөт агенттиги | kyzøt agenttigi |
| sport (m) | спорт | sport |
| borsa (f) | биржа | birdʒa |
| negozio (m) | дүкөн | dykøn |
| supermercato (m) | супермаркет | supermarket |
| piscina (f) | бассейн | bassejn |
| | | |
| sartoria (f) | ателье | atelje |
| televisione (f) | телекөрсөтүү | telekørsøtyy |
| teatro (m) | театр | teatr |
| commercio (m) | соода | sooda |
| mezzi (m pl) di trasporto | ташып жеткирүү | taʃıp dʒetkiryy |
| viaggio (m) | туризм | turizm |
| | | |
| veterinario (m) | мал доктуру | mal dokturu |
| deposito, magazzino (m) | кампа | kampa |
| trattamento (m) dei rifiuti | таштанды чыгаруу | taʃtandı tʃıgaruu |

# Lavoro. Affari. Parte 2

## 83. Spettacolo. Mostra

| | | |
|---|---|---|
| fiera (f) | көргөзмө | kørgøzmø |
| fiera (f) campionaria | соода көргөзмөсү | sooda kørgøzmøsy |
| | | |
| partecipazione (f) | катышуу | katıʃuu |
| partecipare (vi) | катышуу | katıʃuu |
| partecipante (m) | катышуучу | katıʃuutʃu |
| | | |
| direttore (m) | директор | direktor |
| ufficio (m) organizzativo | уюштуруу комитети | ujuʃturuu komiteti |
| organizzatore (m) | уюштуруучу | ujuʃturuutʃu |
| organizzare (vt) | уюштуруу | ujuʃturuu |
| | | |
| domanda (f) di partecipazione | катышууга ынта билдирмеси | katıʃuuga ınta bildirmesi |
| riempire (vt) | толтуруу | tolturuu |
| dettagli (m pl) | ийне-жиби | ijne-dʒibi |
| informazione (f) | маалымат | maalımat |
| | | |
| prezzo (m) | баа | baa |
| incluso (agg) | кошуп | koʃup |
| includere (vt) | кошулган | koʃulgan |
| pagare (vi, vt) | төлөө | tøløø |
| quota (f) d'iscrizione | каттоо төгүмү | kattoo tøgymy |
| | | |
| entrata (f) | кирүү | kiryy |
| padiglione (m) | павильон | pavilʲon |
| registrare (vt) | каттоо | kattoo |
| tesserino (m) | төшбелги | tøʃbelgi |
| | | |
| stand (m) | көргөзмө стенди | kørgøzmø stendi |
| prenotare (riservare) | камдык буйрутмалоо | kamdık bujrutmaloo |
| | | |
| vetrina (f) | айнек стенд | ajnek stend |
| faretto (m) | чырак | tʃırak |
| design (m) | дизайн | dizajn |
| collocare (vt) | жайгаштыруу | dʒajgaʃtıruu |
| collocarsi (vr) | жайгашуу | dʒajgaʃuu |
| | | |
| distributore (m) | дистрибьютор | distribjutor |
| fornitore (m) | жеткирип берүүчү | dʒetkirip beryytʃy |
| fornire (vt) | жеткирип берүү | dʒetkirip beryy |
| | | |
| paese (m) | өлкө | ølkø |
| straniero (agg) | чет өлкөлүк | tʃet ølkølyk |
| prodotto (m) | өнүм | ønym |
| associazione (f) | ассоциация | assotsiatsija |

| | | |
|---|---|---|
| sala (f) conferenze | конференц-зал | konferents-zal |
| congresso (m) | конгресс | kongress |
| concorso (m) | жарыш | dʒarıʃ |
| | | |
| visitatore (m) | келүүчү | kelyytʃy |
| visitare (vt) | баш baгyy | baʃ baguu |
| cliente (m) | кардар | kardar |

## 84. Scienza. Ricerca. Scienziati

| | | |
|---|---|---|
| scienza (f) | илим | ilim |
| scientifico (agg) | илимий | ilimij |
| scienziato (m) | илимпоз | ilimpoz |
| teoria (f) | теория | teorija |
| | | |
| assioma (m) | аксиома | aksioma |
| analisi (f) | талдоо | taldoo |
| analizzare (vt) | талдоо | taldoo |
| argomento (m) | далил | dalil |
| sostanza, materia (f) | зат | zat |
| | | |
| ipotesi (f) | гипотеза | gipoteza |
| dilemma (m) | дилемма | dilemma |
| tesi (f) | диссертация | dissertatsija |
| dogma (m) | догма | dogma |
| | | |
| dottrina (f) | доктрина | doktrina |
| ricerca (f) | изилдөө | izildøø |
| fare ricerche | изилдөө | izildøø |
| prova (f) | сынак | sınak |
| laboratorio (m) | лаборатория | laboratorija |
| | | |
| metodo (m) | ыкма | ıkma |
| molecola (f) | молекула | molekula |
| monitoraggio (m) | бейлөө | bejløø |
| scoperta (f) | таап ачуу | taap atʃuu |
| | | |
| postulato (m) | постулат | postulat |
| principio (m) | усул | usul |
| previsione (f) | божомол | bodʒomol |
| fare previsioni | алдын ала айтуу | aldın ala ajtuu |
| | | |
| sintesi (f) | синтез | sintez |
| tendenza (f) | умтулуу | umtuluu |
| teorema (m) | теорема | teorema |
| | | |
| insegnamento (m) | окуу | okuu |
| fatto (m) | далил | dalil |
| spedizione (f) | экспедиция | ekspeditsija |
| esperimento (m) | тажрыйба | tadʒrıjba |
| | | |
| accademico (m) | академик | akademik |
| laureato (m) | бакалавр | bakalavr |
| dottore (m) | доктор | doktor |

| | | |
|---|---|---|
| professore (m) associato | **доцент** | dotsent |
| Master (m) | **магистр** | magistr |
| professore (m) | **профессор** | professor |

# Professioni e occupazioni

## 85. Ricerca di un lavoro. Licenziamento

| | | |
|---|---|---|
| lavoro (m) | иш | iʃ |
| organico (m) | жамаат | dʒamaat |
| personale (m) | жамаат курамы | dʒamaat kuramı |
| | | |
| carriera (f) | мансап | mansap |
| prospettiva (f) | перспектива | perspektiva |
| abilità (f pl) | чеберчилик | tʃebertʃilik |
| | | |
| selezione (f) (~ del personale) | тандоо | tandoo |
| agenzia (f) di collocamento | кадрдык агенттиги | kadrdık agenttigi |
| curriculum vitae (f) | таржымал | tardʒımal |
| colloquio (m) | аңгемелешүү | aŋgemeleʃyy |
| posto (m) vacante | жумуш орун | dʒumuʃ orun |
| | | |
| salario (m) | эмгек акы | emgek akı |
| stipendio (m) fisso | маяна | majana |
| compenso (m) | акысын төлөө | akısın tøløø |
| | | |
| carica (f), funzione (f) | кызмат орун | kızmat orun |
| mansione (f) | милдет | mildet |
| mansioni (f pl) di lavoro | милдеттенмелер | mildettenmeler |
| occupato (agg) | бош эмес | boʃ emes |
| | | |
| licenziare (vt) | бошотуу | boʃotuu |
| licenziamento (m) | бошотуу | boʃotuu |
| | | |
| disoccupazione (f) | жумушсуздук | dʒumuʃsuzduk |
| disoccupato (m) | жумушсуз | dʒumuʃsuz |
| pensionamento (m) | бааракы | baarakı |
| andare in pensione | ардактуу эс алууга чыгуу | ardaktuu es aluuga tʃıguu |

## 86. Gente d'affari

| | | |
|---|---|---|
| direttore (m) | директор | direktor |
| dirigente (m) | башкаруучу | baʃkaruutʃu |
| capo (m) | башкаруучу | baʃkaruutʃu |
| | | |
| superiore (m) | башчы | baʃtʃı |
| capi (m pl) | башчылар | baʃtʃılar |
| presidente (m) | президент | prezident |
| presidente (m) (impresa) | төрага | tøraga |
| | | |
| vice (m) | орун басар | orun basar |
| assistente (m) | жардамчы | dʒardamtʃı |

segretario (m) | катчы | kattʃı
assistente (m) personale | жеке катчы | dʒeke kattʃı

uomo (m) d'affari | бизнесмен | biznesmen
imprenditore (m) | ишкер | iʃker
fondatore (m) | негиздөөчү | negizdøøtʃy
fondare (vt) | негиздөө | negizdøø

socio (m) | уюмдаштыруучу | ujʉmdaʃtıruutʃu
partner (m) | өнөктөш | ønøktøʃ
azionista (m) | акция кармоочу | aktsija karmootʃu

milionario (m) | миллионер | millioner
miliardario (m) | миллиардер | milliarder
proprietario (m) | ээси | eesi
latifondista (m) | жер ээси | dʒer eesi

cliente (m) (di professionista) | кардар | kardar
cliente (m) abituale | туруктуу кардар | turuktuu kardar
compratore (m) | сатып алуучу | satıp aluutʃu
visitatore (m) | келүүчү | kelyytʃy

professionista (m) | кесипкөй | kesipkøj
esperto (m) | ишбилги | iʃbilgi
specialista (m) | адис | adis

banchiere (m) | банкир | bankir
broker (m) | далдалчы | daldaltʃı

cassiere (m) | кассир | kassir
contabile (m) | бухгалтер | buxgalter
guardia (f) giurata | кароолчу | karooltʃu

investitore (m) | салым кошуучу | salım koʃuutʃu
debitore (m) | карыздар | karızdar
creditore (m) | насыя алуучу | nasija aluutʃu
mutuatario (m) | карызга алуучу | karızga aluutʃu

importatore (m) | импорттоочу | importtootʃu
esportatore (m) | экспорттоочу | eksporttootʃu

produttore (m) | өндүрүүчү | øndyryytʃy
distributore (m) | дистрибьютор | distribjʉtor
intermediario (m) | ортомчу | ortomtʃu

consulente (m) | кеңешчи | keŋeʃtʃi
rappresentante (m) | сатуу агенти | satuu agenti
agente (m) | агент | agent
assicuratore (m) | камсыздандыруучу агент | kamsızdandıruutʃu agent

## 87. Professioni amministrative

cuoco (m) | ашпозчу | aʃpoztʃu
capocuoco (m) | башкы ашпозчу | baʃkı aʃpoztʃu

| | | |
|---|---|---|
| fornaio (m) | навайчы | navajtʃı |
| barista (m) | бармен | barmen |
| cameriere (m) | официант | ofitsiant |
| cameriera (f) | официант кыз | ofitsiant kız |

| | | |
|---|---|---|
| avvocato (m) | жактоочу | dʒaktootʃu |
| esperto (m) legale | юрист | jurist |
| notaio (m) | нотариус | notarius |

| | | |
|---|---|---|
| elettricista (m) | электрик | elektrik |
| idraulico (m) | сантехник | santexnik |
| falegname (m) | жыгач уста | dʒıgatʃ usta |

| | | |
|---|---|---|
| massaggiatore (m) | укалоочу | ukalootʃu |
| massaggiatrice (f) | укалоочу | ukalootʃu |
| medico (m) | доктур | doktur |

| | | |
|---|---|---|
| taxista (m) | такси айдоочу | taksi ajdootʃu |
| autista (m) | айдоочу | ajdootʃu |
| fattorino (m) | жеткирүүчү | dʒetkiryytʃy |

| | | |
|---|---|---|
| cameriera (f) | үй кызматкери | yj kızmatkeri |
| guardia (f) giurata | кароолчу | karooltʃu |
| hostess (f) | стюардесса | stuardessa |

| | | |
|---|---|---|
| insegnante (m, f) | мугалим | mugalim |
| bibliotecario (m) | китепканачы | kitepkanatʃı |
| traduttore (m) | котормочу | kotormotʃu |
| interprete (m) | оозеки котормочу | oozeki kotormotʃu |
| guida (f) | гид | gid |

| | | |
|---|---|---|
| parrucchiere (m) | чач тарач | tʃatʃ taratʃ |
| postino (m) | кат ташуучу | kat taʃuutʃu |
| commesso (m) | сатуучу | satuutʃu |

| | | |
|---|---|---|
| giardiniere (m) | багбанчы | bagbantʃı |
| domestico (m) | үй кызматчы | yj kızmattʃı |
| domestica (f) | үй кызматчы аял | yj kızmattʃı ajal |
| donna (f) delle pulizie | тазалагыч | tazalagıtʃ |

## 88. Professioni militari e gradi

| | | |
|---|---|---|
| soldato (m) semplice | катардагы жоокер | katardagı dʒooker |
| sergente (m) | сержант | serdʒant |
| tenente (m) | лейтенант | lejtenant |
| capitano (m) | капитан | kapitan |

| | | |
|---|---|---|
| maggiore (m) | майор | major |
| colonnello (m) | полковник | polkovnik |
| generale (m) | генерал | general |
| maresciallo (m) | маршал | marʃal |
| ammiraglio (m) | адмирал | admiral |
| militare (m) | аскер кызматчысы | asker kızmattʃısı |
| soldato (m) | аскер | asker |

| | | |
|---|---|---|
| ufficiale (m) | офицер | ofitser |
| comandante (m) | командир | komandir |
| | | |
| guardia (f) di frontiera | чек арачы | tʃek aratʃı |
| marconista (m) | радист | radist |
| esploratore (m) | чалгынчы | tʃalgıntʃı |
| geniere (m) | сапёр | sapʲor |
| tiratore (m) | аткыч | atkıtʃ |
| navigatore (m) | штурман | ʃturman |

## 89. Funzionari. Sacerdoti

| | | |
|---|---|---|
| re (m) | король, падыша | korolʲ, padıʃa |
| regina (f) | ханыша | χanıʃa |
| | | |
| principe (m) | канзаада | kanzaada |
| principessa (f) | ханбийке | χanbijke |
| | | |
| zar (m) | падыша | padıʃa |
| zarina (f) | ханыша | χanıʃa |
| | | |
| presidente (m) | президент | prezident |
| ministro (m) | министр | ministr |
| primo ministro (m) | премьер-министр | premjer-ministr |
| senatore (m) | сенатор | senator |
| | | |
| diplomatico (m) | дипломат | diplomat |
| console (m) | консул | konsul |
| ambasciatore (m) | элчи | eltʃi |
| consigliere (m) | кеңешчи | keŋeʃtʃi |
| | | |
| funzionario (m) | аткаминер | atkaminer |
| prefetto (m) | префект | prefekt |
| sindaco (m) | мэр | mer |
| | | |
| giudice (m) | сот | sot |
| procuratore (m) | прокурор | prokuror |
| | | |
| missionario (m) | миссионер | missioner |
| monaco (m) | кечил | ketʃil |
| abate (m) | аббат | abbat |
| rabbino (m) | раввин | ravvin |
| | | |
| visir (m) | визирь | vizirʲ |
| scià (m) | шах | ʃaχ |
| sceicco (m) | шейх | ʃejχ |

## 90. Professioni agricole

| | | |
|---|---|---|
| apicoltore (m) | балчы | baltʃı |
| pastore (m) | чабан | tʃaban |
| agronomo (m) | агроном | agronom |

| | | |
|---|---|---|
| allevatore (m) di bestiame | малчы | maltʃı |
| veterinario (m) | мал доктуру | mal dokturu |
| | | |
| fattore (m) | фермер | fermer |
| vinificatore (m) | вино жасоочу | vino dʒasootʃu |
| zoologo (m) | зоолог | zoolog |
| cowboy (m) | ковбой | kovboj |

## 91. Professioni artistiche

| | | |
|---|---|---|
| attore (m) | актёр | aktʲor |
| attrice (f) | актриса | aktrisa |
| | | |
| cantante (m) | ырчы | ırtʃı |
| cantante (f) | ырчы кыз | ırtʃı kız |
| | | |
| danzatore (m) | бийчи жигит | bijtʃi dʒigit |
| ballerina (f) | бийчи кыз | bijtʃi kız |
| | | |
| artista (m) | аткаруучу | atkaruutʃu |
| artista (f) | аткаруучу | atkaruutʃu |
| | | |
| musicista (m) | музыкант | muzıkant |
| pianista (m) | пианист | pianist |
| chitarrista (m) | гитарист | gitarist |
| | | |
| direttore (m) d'orchestra | дирижёр | diridʒʲor |
| compositore (m) | композитор | kompozitor |
| impresario (m) | импресарио | impresario |
| | | |
| regista (m) | режиссёр | redʒissʲor |
| produttore (m) | продюсер | produser |
| sceneggiatore (m) | сценарист | stsenarist |
| critico (m) | сынчы | sıntʃı |
| | | |
| scrittore (m) | жазуучу | dʒazuutʃu |
| poeta (m) | акын | akın |
| scultore (m) | бедизчи | bediztʃi |
| pittore (m) | сүрөтчү | syrøttʃy |
| | | |
| giocoliere (m) | жонглёр | dʒonglʲor |
| pagliaccio (m) | маскарапоз | maskarapoz |
| acrobata (m) | акробат | akrobat |
| prestigiatore (m) | көз боечу | køz boetʃu |

## 92. Professioni varie

| | | |
|---|---|---|
| medico (m) | доктур | doktur |
| infermiera (f) | медсестра | medsestra |
| psichiatra (m) | психиатр | psiχiatr |
| dentista (m) | тиш доктур | tiʃ doktur |
| chirurgo (m) | хирург | χirurg |

| | | |
|---|---|---|
| astronauta (m) | астронавт | astronavt |
| astronomo (m) | астроном | astronom |
| pilota (m) | учкуч | utʃkutʃ |
| | | |
| autista (m) | айдоочу | ajdootʃu |
| macchinista (m) | машинист | maʃinist |
| meccanico (m) | механик | meχanik |
| | | |
| minatore (m) | кенчи | kentʃi |
| operaio (m) | жумушчу | dʒumuʃtʃu |
| operaio (m) metallurgico | слесарь | slesarʲ |
| falegname (m) | жыгач уста | dʒıgatʃ usta |
| tornitore (m) | токарь | tokarʲ |
| operaio (m) edile | куруучу | kuruutʃu |
| saldatore (m) | ширеткич | ʃiretkitʃ |
| | | |
| professore (m) | профессор | professor |
| architetto (m) | архитектор | arχitektor |
| storico (m) | тарыхчы | tarıχtʃı |
| scienziato (m) | илимпоз | ilimpoz |
| fisico (m) | физик | fizik |
| chimico (m) | химик | χimik |
| | | |
| archeologo (m) | археолог | arχeolog |
| geologo (m) | геолог | geolog |
| ricercatore (m) | изилдөөчү | izildøøtʃy |
| | | |
| baby-sitter (m, f) | бала баккыч | bala bakkıtʃ |
| insegnante (m, f) | мугалим | mugalim |
| | | |
| redattore (m) | редактор | redaktor |
| redattore capo (m) | башкы редактор | baʃkı redaktor |
| corrispondente (m) | кабарчы | kabartʃı |
| dattilografa (f) | машинистка | maʃinistka |
| | | |
| designer (m) | дизайнер | dizajner |
| esperto (m) informatico | компьютер адиси | kompjüter adisi |
| programmatore (m) | программист | programmist |
| ingegnere (m) | инженер | indʒener |
| | | |
| marittimo (m) | деңизчи | deŋiztʃi |
| marinaio (m) | матрос | matros |
| soccorritore (m) | куткаруучу | kutkaruutʃu |
| | | |
| pompiere (m) | өрт өчүргүч | ørt øtʃyrgytʃ |
| poliziotto (m) | полиция кызматкери | politsija kızmatkeri |
| guardiano (m) | кароолчу | karooltʃu |
| detective (m) | аңдуучу | aŋduutʃu |
| | | |
| doganiere (m) | бажы кызматкери | badʒı kızmatkeri |
| guardia (f) del corpo | жан сакчы | dʒan saktʃı |
| guardia (f) carceraria | күзөтчү | kyzøttʃy |
| ispettore (m) | инспектор | inspektor |
| | | |
| sportivo (m) | спортчу | sporttʃu |
| allenatore (m) | машыктыруучу | maʃıktıruutʃu |

| | | |
|---|---|---|
| macellaio (m) | касапчы | kasaptʃı |
| calzolaio (m) | өтүкчү | øtyktʃy |
| uomo (m) d'affari | жеке соодагер | dʒeke soodager |
| caricatore (m) | жүк ташуучу | dʒyk taʃuutʃu |
| | | |
| stilista (m) | модельер | modeljer |
| modella (f) | модель | modelʲ |

## 93. Attività lavorative. Condizione sociale

| | | |
|---|---|---|
| scolaro (m) | окуучу | okuutʃu |
| studente (m) | студент | student |
| | | |
| filosofo (m) | философ | filosof |
| economista (m) | экономист | ekonomist |
| inventore (m) | ойлоп табуучу | ojlop tabuutʃu |
| | | |
| disoccupato (m) | жумушсуз | dʒumuʃsuz |
| pensionato (m) | бааргер | baarger |
| spia (f) | тыңчы | tıŋtʃı |
| | | |
| detenuto (m) | камактагы адам | kamaktagı adam |
| scioperante (m) | иш калтыргыч | iʃ kaltırgıtʃ |
| burocrate (m) | бюрократ | burokrat |
| viaggiatore (m) | саякатчы | sajakattʃı |
| | | |
| omosessuale (m) | гомосексуалист | gomoseksualist |
| hacker (m) | хакер | χaker |
| hippy (m, f) | хиппи | χippi |
| | | |
| bandito (m) |ууру-кески | uuru-keski |
| sicario (m) | жалданма киши өлтүргүч | dʒaldanma kiʃi øltyrgytʃ |
| drogato (m) | баңги | baŋgi |
| trafficante (m) di droga | баңгизат сатуучу | baŋgizat satuutʃu |
| prostituta (f) | сойку | sojku |
| magnaccia (m) | жан бакты | dʒan baktı |
| | | |
| stregone (m) | жадыгөй | dʒadıgøj |
| strega (f) | жадыгөй | dʒadıgøj |
| pirata (m) | деңиз каракчысы | deŋiz karaktʃısı |
| schiavo (m) | кул | kul |
| samurai (m) | самурай | samuraj |
| selvaggio (m) | жапайы | dʒapajı |

# Istruzione

## 94. Scuola

| | | |
|---|---|---|
| scuola (f) | мектеп | mektep |
| direttore (m) di scuola | мектеп директору | mektep direktoru |
| | | |
| allievo (m) | окуучу бала | okuutʃu bala |
| allieva (f) | окуучу кыз | okuutʃu kız |
| scolaro (m) | окуучу | okuutʃu |
| scolara (f) | окуучу кыз | okuutʃu kız |
| | | |
| insegnare (qn) | окутуу | okutuu |
| imparare (una lingua) | окуу | okuu |
| imparare a memoria | жаттоо | dʒattoo |
| | | |
| studiare (vi) | үйрөнүү | yjrønyy |
| frequentare la scuola | мектепке баруу | mektepke baruu |
| andare a scuola | окууга баруу | okuuga baruu |
| | | |
| alfabeto (m) | алфавит | alfavit |
| materia (f) | сабак | sabak |
| | | |
| classe (f) | класс | klass |
| lezione (f) | сабак | sabak |
| ricreazione (f) | танапис | tanapis |
| campanella (f) | коңгуроо | koŋguroo |
| banco (m) | парта | parta |
| lavagna (f) | такта | takta |
| | | |
| voto (m) | баа | baa |
| voto (m) alto | жакшы баа | dʒakʃı baa |
| voto (m) basso | жаман баа | dʒaman baa |
| dare un voto | баа коюу | baa kojʉu |
| | | |
| errore (m) | ката | kata |
| fare errori | ката кетирүү | kata ketiryy |
| correggere (vt) | түзөтүү | tyzøtyy |
| bigliettino (m) | шпаргалка | ʃpargalka |
| | | |
| compiti (m pl) | үй иши | yj iʃi |
| esercizio (m) | көнүгүү | kønygyy |
| | | |
| essere presente | катышуу | katıʃuu |
| essere assente | келбей калуу | kelbej kaluu |
| mancare le lezioni | сабактарды калтыруу | sabaktardı kaltıruu |
| | | |
| punire (vt) | жазалоо | dʒazaloo |
| punizione (f) | жаза | dʒaza |
| comportamento (m) | жүрүм-турум | dʒyrym-turum |

| | | |
|---|---|---|
| pagella (f) | күндөлүк | kyndølyk |
| matita (f) | карандаш | karandaʃ |
| gomma (f) per cancellare | өчүргүч | øtʃyrgytʃ |
| gesso (m) | бор | bor |
| astuccio (m) portamatite | калем салгыч | kalem salgɪtʃ |

| | | |
|---|---|---|
| cartella (f) | портфель | portfelʲ |
| penna (f) | калем сап | kalem sap |
| quaderno (m) | дептер | depter |
| manuale (m) | китеп | kitep |
| compasso (m) | циркуль | tsɪrkulʲ |

| | | |
|---|---|---|
| disegnare (tracciare) | чийүү | tʃijyy |
| disegno (m) tecnico | чийме | tʃijme |

| | | |
|---|---|---|
| poesia (f) | ыр сап | ɪr sap |
| a memoria | жатка | dʒatka |
| imparare a memoria | жаттоо | dʒattoo |

| | | |
|---|---|---|
| vacanze (f pl) scolastiche | эс алуу | es aluu |
| essere in vacanza | эс алууда болуу | es aluuda boluu |
| passare le vacanze | эс алууну өткөзүү | es aluunu øtkøzyy |

| | | |
|---|---|---|
| prova (f) scritta | текшерүү иш | tekʃeryy iʃ |
| composizione (f) | дил баян | dil bajan |
| dettato (m) | жат жаздыруу | dʒat dʒazdɪruu |
| esame (m) | экзамен | ekzamen |
| sostenere un esame | экзамен тапшыруу | ekzamen tapʃɪruu |
| esperimento (m) | тажрыйба | tadʒrɪjba |

## 95. Istituto superiore. Università

| | | |
|---|---|---|
| accademia (f) | академия | akademija |
| università (f) | университет | universitet |
| facoltà (f) | факультет | fakulʲtet |

| | | |
|---|---|---|
| studente (m) | студент бала | student bala |
| studentessa (f) | студент кыз | student kɪz |
| docente (m, f) | мугалим | mugalim |

| | | |
|---|---|---|
| aula (f) | дарскана | darskana |
| diplomato (m) | окуу жайды бүтүрүүчү | okuu dʒajdɪ bytyryytʃy |

| | | |
|---|---|---|
| diploma (m) | диплом | diplom |
| tesi (f) | диссертация | dissertatsija |

| | | |
|---|---|---|
| ricerca (f) | изилдөө | izildøø |
| laboratorio (m) | лаборатория | laboratorija |

| | | |
|---|---|---|
| lezione (f) | лекция | lektsija |
| compagno (m) di corso | курсташ | kurstaʃ |

| | | |
|---|---|---|
| borsa (f) di studio | стипендия | stipendija |
| titolo (m) accademico | илимий даража | ilimij daradʒa |

## 96. Scienze. Discipline

| | | |
|---|---|---|
| matematica (f) | математика | matematika |
| algebra (f) | алгебра | algebra |
| geometria (f) | геометрия | geometrija |
| | | |
| astronomia (f) | астрономия | astronomija |
| biologia (f) | биология | biologija |
| geografia (f) | география | geografija |
| geologia (f) | геология | geologija |
| storia (f) | тарых | tarıx |
| | | |
| medicina (f) | медицина | meditsina |
| pedagogia (f) | педагогика | pedagogika |
| diritto (m) | укук | ukuk |
| | | |
| fisica (f) | физика | fizika |
| chimica (f) | химия | ximija |
| filosofia (f) | философия | filosofija |
| psicologia (f) | психология | psixologija |

## 97. Sistema di scrittura. Ortografia

| | | |
|---|---|---|
| grammatica (f) | грамматика | grammatika |
| lessico (m) | лексика | leksika |
| fonetica (f) | фонетика | fonetika |
| | | |
| sostantivo (m) | зат атооч | zat atootʃ |
| aggettivo (m) | сын атооч | sın atootʃ |
| verbo (m) | этиш | etiʃ |
| avverbio (m) | тактооч | taktootʃ |
| | | |
| pronome (m) | ат атооч | at atootʃ |
| interiezione (f) | сырдык сөз | sırdık søz |
| preposizione (f) | препозиция | prepozitsija |
| | | |
| radice (f) | сөздүн уңгусу | søzdyn uŋgusu |
| desinenza (f) | жалгоо | dʒalgoo |
| prefisso (m) | префикс | prefiks |
| sillaba (f) | муун | muun |
| suffisso (m) | суффикс | suffiks |
| | | |
| accento (m) | басым | basım |
| apostrofo (m) | апостроф | apostrof |
| | | |
| punto (m) | чекит | tʃekit |
| virgola (f) | үтүр | ytyr |
| punto (m) e virgola | чекитүү үтүр | tʃekityy ytyr |
| due punti | кош чекит | koʃ tʃekit |
| puntini di sospensione | көп чекит | køp tʃekit |
| | | |
| punto (m) interrogativo | суроо белгиси | suroo belgisi |
| punto (m) esclamativo | илеп белгиси | ilep belgisi |

| | | |
|---|---|---|
| virgolette (f pl) | тырмакча | tırmaktʃa |
| tra virgolette | тырмакчага алынган | tırmaktʃaga alıngan |
| parentesi (f pl) | кашаа | kaʃaa |
| tra parentesi | кашаага алынган | kaʃaaga alıngan |
| | | |
| trattino (m) | дефис | defis |
| lineetta (f) | тире | tire |
| spazio (m) (tra due parole) | аралык | aralık |
| | | |
| lettera (f) | тамга | tamga |
| lettera (f) maiuscola | баш тамга | baʃ tamga |
| | | |
| vocale (f) | үндүү тыбыш | yndyy tıbıʃ |
| consonante (f) | үнсүз тыбыш | ynsyz tıbıʃ |
| | | |
| proposizione (f) | сүйлөм | syjløm |
| soggetto (m) | сүйлөмдүн ээси | syjlømdyn eesi |
| predicato (m) | баяндооч | bajandootʃ |
| | | |
| riga (f) | сап | sap |
| a capo | жаңы сап | dʒaŋı sap |
| capoverso (m) | абзац | abzats |
| | | |
| parola (f) | сөз | søz |
| gruppo (m) di parole | сөз айкашы | søz ajkaʃı |
| espressione (f) | туюнтма | tujuntma |
| sinonimo (m) | синоним | sinonim |
| antonimo (m) | антоним | antonim |
| | | |
| regola (f) | эреже | eredʒe |
| eccezione (f) | чектен чыгаруу | tʃekten tʃıgaruu |
| giusto (corretto) | туура | tuura |
| | | |
| coniugazione (f) | жактоо | dʒaktoo |
| declinazione (f) | жөндөлүш | dʒøndølyʃ |
| caso (m) nominativo | жөндөмө | dʒøndømø |
| domanda (f) | суроо | suroo |
| sottolineare (vt) | баса белгилөө | basa belgiløø |
| linea (f) tratteggiata | пунктир | punktir |

## 98. Lingue straniere

| | | |
|---|---|---|
| lingua (f) | тил | til |
| straniero (agg) | чет | tʃet |
| lingua (f) straniera | чет тил | tʃet til |
| studiare (vt) | окуу | okuu |
| imparare (una lingua) | үйрөнүү | yjrønyy |
| | | |
| leggere (vi, vt) | окуу | okuu |
| parlare (vi, vt) | сүйлөө | syjløø |
| capire (vt) | түшүнүү | tyʃynyy |
| scrivere (vi, vt) | жазуу | dʒazuu |
| rapidamente | тез | tez |
| lentamente | жай | dʒaj |

| correntemente | эркин | erkin |
| regole (f pl) | эрежелер | eredʒeler |
| grammatica (f) | грамматика | grammatika |
| lessico (m) | лексика | leksika |
| fonetica (f) | фонетика | fonetika |

| manuale (m) | китеп | kitep |
| dizionario (m) | сөздүк | søzdyk |
| manuale (m) autodidattico | өзү үйрөткүч | øzy yjrøtkytʃ |
| frasario (m) | тилачар | tilatʃar |

| cassetta (f) | кассета | kasseta |
| videocassetta (f) | видеокассета | videokasseta |
| CD (m) | CD, компакт-диск | sidi, kompakt-disk |
| DVD (m) | DVD-диск | dividi-disk |

| alfabeto (m) | алфавит | alfavit |
| compitare (vt) | эжелеп айтуу | edʒelep ajtuu |
| pronuncia (f) | айтылышы | ajtılıʃı |

| accento (m) | акцент | aktsent |
| con un accento | акцент менен | aktsent menen |
| senza accento | акцентсиз | aktsentsiz |

| vocabolo (m) | сөз | søz |
| significato (m) | маани | maani |

| corso (m) (~ di francese) | курстар | kurstar |
| iscriversi (vr) | курска жазылуу | kurska dʒazıluu |
| insegnante (m, f) | окутуучу | okutuutʃu |

| traduzione (f) (fare una ~) | которуу | kotoruu |
| traduzione (f) (un testo) | котормо | kotormo |
| traduttore (m) | котормочу | kotormotʃu |
| interprete (m) | оозеки котормочу | oozeki kotormotʃu |

| poliglotta (m) | полиглот | poliglot |
| memoria (f) | эс тутум | es tutum |

## Ristorante. Intrattenimento. Viaggi

### 99. Escursione. Viaggio

| | | |
|---|---|---|
| turismo (m) | туризм | turizm |
| turista (m) | турист | turist |
| viaggio (m) (all'estero) | саякат | sajakat |
| avventura (f) | укмуштуу окуя | ukmuʃtuu okuja |
| viaggio (m) (corto) | сапар | sapar |
| vacanza (f) | дем алыш | dem alıʃ |
| essere in vacanza | дем алышка чыгуу | dem alıʃka tʃıguu |
| riposo (m) | эс алуу | es aluu |
| treno (m) | поезд | poezd |
| in treno | поезд менен | poezd menen |
| aereo (m) | учак | utʃak |
| in aereo | учакта | utʃakta |
| in macchina | автомобилде | avtomobilde |
| in nave | кемеде | kemede |
| bagaglio (m) | жүк | dʒyk |
| valigia (f) | чемодан | tʃemodan |
| carrello (m) | араба | araba |
| passaporto (m) | паспорт | pasport |
| visto (m) | виза | viza |
| biglietto (m) | билет | bilet |
| biglietto (m) aereo | авиабилет | aviabilet |
| guida (f) | жол көрсөткүч | dʒol kørsøtkytʃ |
| carta (f) geografica | карта | karta |
| località (f) | жай | dʒaj |
| luogo (m) | жер | dʒer |
| ogetti (m pl) esotici | экзотика | ekzotika |
| esotico (agg) | экзотикалуу | ekzotikaluu |
| sorprendente (agg) | ажайып | adʒajıp |
| gruppo (m) | топ | top |
| escursione (f) | экскурсия | ekskursija |
| guida (f) (cicerone) | экскурсия жетекчиси | ekskursija dʒetektʃisi |

### 100. Hotel

| | | |
|---|---|---|
| albergo, hotel (m) | мейманкана | mejmankana |
| motel (m) | мотель | motelʲ |
| tre stelle | үч жылдыздуу | ytʃ dʒıldızduu |

| | | |
|---|---|---|
| cinque stelle | беш жылдыздуу | beʃ dʒıldızduu |
| alloggiare (vi) | токтоо | toktoo |
| | | |
| camera (f) | номер | nomer |
| camera (f) singola | бир орундуу | bir orunduu |
| camera (f) doppia | эки орундуу | eki orunduu |
| prenotare una camera | номерди камдык буйрутмалоо | nomerdi kamdık bujrutmaloo |
| | | |
| mezza pensione (f) | жарым пансион | dʒarım pansion |
| pensione (f) completa | толук пансион | toluk pansion |
| | | |
| con bagno | ваннасы менен | vannası menen |
| con doccia | душ менен | duʃ menen |
| televisione (f) satellitare | спутник | sputnik |
| condizionatore (m) | аба желдеткич | aba dʒeldetkitʃ |
| asciugamano (m) | сүлгү | sylgy |
| chiave (f) | ачкыч | atʃkıtʃ |
| | | |
| amministratore (m) | администратор | administrator |
| cameriera (f) | үй кызматкери | yj kızmatkeri |
| portabagagli (m) | жүк ташуучу | dʒyk taʃuutʃu |
| portiere (m) | эшик ачуучу | eʃik atʃuutʃu |
| | | |
| ristorante (m) | ресторан | restoran |
| bar (m) | бар | bar |
| colazione (f) | таңкы тамак | taŋkı tamak |
| cena (f) | кечки тамак | ketʃki tamak |
| buffet (m) | шведче стол | ʃvedtʃe stol |
| | | |
| hall (f) (atrio d'ingresso) | вестибюль | vestibʉlʲ |
| ascensore (m) | лифт | lift |
| | | |
| NON DISTURBARE | ТЫНЧЫБЫЗДЫ АЛБАГЫЛА! | tıntʃıbızdı albagıla! |
| VIETATO FUMARE! | ТАМЕКИ ЧЕГҮҮГӨ БОЛБОЙТ! | tameki tʃegyygø bolbojt! |

## ATTREZZATURA TECNICA. MEZZI DI TRASPORTO

## Attrezzatura tecnica

### 101. Computer

| | | |
|---|---|---|
| computer (m) | компьютер | kompjuter |
| computer (m) portatile | ноутбук | noutbuk |
| | | |
| accendere (vt) | күйгүзүү | kyjgyzyy |
| spegnere (vt) | өчүрүү | øtʃyryy |
| | | |
| tastiera (f) | ариптакта | ariptakta |
| tasto (m) | баскыч | baskıtʃ |
| mouse (m) | чычкан | tʃıtʃkan |
| tappetino (m) del mouse | килемче | kilemtʃe |
| | | |
| tasto (m) | баскыч | baskıtʃ |
| cursore (m) | курсор | kursor |
| | | |
| monitor (m) | монитор | monitor |
| schermo (m) | экран | ekran |
| | | |
| disco (m) rigido | катуу диск | katuu disk |
| spazio (m) sul disco rigido | катуу дисктин көлөмү | katuu disktin kølømy |
| memoria (f) | эс тутум | es tutum |
| memoria (f) operativa | оперативдик эс тутум | operativdik es tutum |
| | | |
| file (m) | файл | fajl |
| cartella (f) | папка | papka |
| aprire (vt) | ачуу | atʃuu |
| chiudere (vt) | жабуу | dʒabuu |
| | | |
| salvare (vt) | сактоо | saktoo |
| eliminare (vt) | жок кылуу | dʒok kıluu |
| copiare (vt) | көчүрүү | køtʃyryy |
| ordinare (vt) | ирэттөө | irettøø |
| trasferire (vt) | өткөрүү | øtkøryy |
| | | |
| programma (m) | программа | programma |
| software (m) | программалык | programmalık |
| programmatore (m) | программист | programmist |
| programmare (vt) | программалаштыруу | programmalaʃtıruu |
| | | |
| hacker (m) | хакер | χaker |
| password (f) | сырсөз | sırsøz |
| virus (m) | вирус | virus |
| trovare (un virus, ecc.) | издеп табуу | izdep tabuu |
| byte (m) | байт | bajt |

| | | |
|---|---|---|
| megabyte (m) | мегабайт | megabajt |
| dati (m pl) | маалыматтар | maalımattar |
| database (m) | маалымат базасы | maalımat bazası |
| | | |
| cavo (m) | кабель | kabelʲ |
| sconnettere (vt) | ажыратуу | adʒıratuu |
| collegare (vt) | туташтыруу | tutaʃtıruu |

## 102. Internet. Posta elettronica

| | | |
|---|---|---|
| internet (f) | интернет | internet |
| navigatore (m) | браузер | brauzer |
| motore (m) di ricerca | издөө аспабы | izdøø aspabı |
| provider (m) | провайдер | provajder |
| | | |
| webmaster (m) | веб-мастер | web-master |
| sito web (m) | веб-сайт | web-sajt |
| pagina web (f) | веб-баракча | web-baraktʃa |
| | | |
| indirizzo (m) | дарек | darek |
| rubrica (f) indirizzi | дарек китепчеси | darek kiteptʃesi |
| | | |
| casella (f) di posta | почта ящиги | potʃta jaʃtʃigi |
| posta (f) | почта | potʃta |
| troppo piena (agg) | толуп калган | tolup kalgan |
| | | |
| messaggio (m) | кабар | kabar |
| messaggi (m pl) in arrivo | келген кабарлар | kelgen kabarlar |
| messaggi (m pl) in uscita | жөнөтүлгөн кабарлар | dʒønøtylgøn kabarlar |
| | | |
| mittente (m) | жөнөтүүчү | dʒønøtyytʃy |
| inviare (vt) | жөнөтүү | dʒønøtyy |
| invio (m) | жөнөтүү | dʒønøtyy |
| | | |
| destinatario (m) | алуучу | aluutʃu |
| ricevere (vt) | алуу | aluu |
| | | |
| corrispondenza (f) | жазышуу | dʒazıʃuu |
| essere in corrispondenza | жазышуу | dʒazıʃuu |
| | | |
| file (m) | файл | fajl |
| scaricare (vt) | жүктөө | dʒyktøø |
| creare (vt) | жаратуу | dʒaratuu |
| eliminare (vt) | жок кылуу | dʒok kıluu |
| eliminato (agg) | жок кылынган | dʒok kılıngan |
| | | |
| connessione (f) | байланыш | bajlanıʃ |
| velocità (f) | ылдамдык | ıldamdık |
| modem (m) | модем | modem |
| accesso (m) | жеткирилүү | dʒetkirilyy |
| porta (f) | порт | port |
| | | |
| collegamento (m) | туташуу | tutaʃuu |
| collegarsi a … | … туташуу | … tutaʃuu |

scegliere (vt)     тандоо     tandoo
cercare (vt)     ... издее     ... izdøø

## 103. Elettricità

| | | |
|---|---|---|
| elettricità (f) | электр кубаты | elektr kubatı |
| elettrico (agg) | электрикалык | elektrikalık |
| centrale (f) elettrica | электростанция | elektrostantsija |
| energia (f) | энергия | energija |
| energia (f) elettrica | электр кубаты | elektr kubatı |
| lampadina (f) | лампочка | lampotʃka |
| torcia (f) elettrica | шам | ʃam |
| lampione (m) | шам | ʃam |
| luce (f) | жарык | dʒarık |
| accendere (luce) | күйгүзүү | kyjgyzyy |
| spegnere (vt) | өчүрүү | øtʃyryy |
| spegnere la luce | жарыкты өчүрүү | dʒarıktı øtʃyryy |
| fulminarsi (vr) | күйүп кетүү | kyjyp ketyy |
| corto circuito (m) | кыска туташуу | kıska tutaʃuu |
| rottura (f) (~ di un cavo) | үзүлүү | yzylyy |
| contatto (m) | контакт | kontakt |
| interruttore (m) | өчүргүч | øtʃyrgytʃ |
| presa (f) elettrica | розетка | rozetka |
| spina (f) | сайгыч | sajgıtʃ |
| prolunga (f) | узарткыч | uzartkıtʃ |
| fusibile (m) | эриме сактагыч | erime saktagıtʃ |
| filo (m) | зым | zım |
| impianto (m) elettrico | электр зымы | elektr zımı |
| ampere (m) | ампер | amper |
| intensità di corrente | токтун күчү | toktun kytʃy |
| volt (m) | вольт | volʲt |
| tensione (f) | чыңалуу | tʃıŋaluu |
| apparecchio (m) elettrico | электр алет | elektr alet |
| indicatore (m) | көрсөткүч | kørsøtkytʃ |
| elettricista (m) | электрик | elektrik |
| saldare (vt) | кандоо | kandoo |
| saldatoio (m) | кандагыч аспап | kandagıtʃ aspap |
| corrente (f) | электр тогу | elektr togu |

## 104. Utensili

| | | |
|---|---|---|
| utensile (m) | аспап | aspap |
| utensili (m pl) | аспаптар | aspaptar |
| impianto (m) | жабдуу | dʒabduu |

| | | |
|---|---|---|
| martello (m) | балка | balka |
| giravite (m) | бурагыч | buragıtʃ |
| ascia (f) | балта | balta |

| | | |
|---|---|---|
| sega (f) | араа | araa |
| segare (vt) | аралоо | araloo |
| pialla (f) | тактай сүргүч | taktaj syrgytʃ |
| piallare (vt) | сүргүү | syryy |
| saldatoio (m) | кандагыч аспап | kandagıtʃ aspap |
| saldare (vt) | кандоо | kandoo |

| | | |
|---|---|---|
| lima (f) | өгөө | øgøø |
| tenaglie (f pl) | аттиш | attiʃ |
| pinza (f) a punte piatte | жалпак тиштүү кычкач | dʒalpak tiʃtyy kıtʃkatʃ |
| scalpello (m) | тешкич | teʃkitʃ |

| | | |
|---|---|---|
| punta (f) da trapano | бургу | burgu |
| trapano (m) elettrico | үшкү | yʃky |
| trapanare (vt) | бургулап тешүү | burgulap teʃyy |

| | | |
|---|---|---|
| coltello (m) | бычак | bıtʃak |
| coltello (m) da tasca | чөнтөк бычак | tʃøntøk bıtʃak |
| lama (f) | миз | miz |

| | | |
|---|---|---|
| affilato (coltello ~) | курч | kurtʃ |
| smussato (agg) | мокок | mokok |
| smussarsi (vr) | мокотулуу | mokotuluu |
| affilare (vt) | курчутуу | kurtʃutuu |

| | | |
|---|---|---|
| bullone (m) | буроо | buroo |
| dado (m) | бурама | burama |
| filettatura (f) | бураманын сайы | buramanın sajı |
| vite (f) | буроо мык | buroo mık |

| | | |
|---|---|---|
| chiodo (m) | мык | mık |
| testa (f) di chiodo | баш | baʃ |

| | | |
|---|---|---|
| regolo (m) | сызгыч | sızgıtʃ |
| nastro (m) metrico | рулетка | ruletka |
| livella (f) | деңгээл | deŋgeel |
| lente (f) d'ingradimento | чоңойтуч | tʃoŋojtutʃ |

| | | |
|---|---|---|
| strumento (m) di misurazione | ченөөчү аспап | tʃenøøtʃy aspap |
| misurare (vt) | ченөө | tʃenøø |
| scala (f) graduata | шкала | ʃkala |
| lettura, indicazione (f) | көрсөтүү ченем | kørsøtyy tʃenem |

| | | |
|---|---|---|
| compressore (m) | компрессор | kompressor |
| microscopio (m) | микроскоп | mikroskop |

| | | |
|---|---|---|
| pompa (f) (~ dell'acqua) | соргу | sorgu |
| robot (m) | робот | robot |
| laser (m) | лазер | lazer |

| | | |
|---|---|---|
| chiave (f) | гайка ачкычы | gajka atʃkıtʃı |
| nastro (m) adesivo | жабышкак тасма | dʒabıʃkak tasma |

| | | |
|---|---|---|
| colla (f) | желим | dʒelim |
| carta (f) smerigliata | кум кагаз | kum kagaz |
| molla (f) | серпилгич | serpilgitʃ |
| magnete (m) | магнит | magnit |
| guanti (m pl) | колкап | kolkap |
| | | |
| corda (f) | аркан | arkan |
| cordone (m) | жип | dʒip |
| filo (m) (~ del telefono) | зым | zım |
| cavo (m) | кабель | kabelʲ |
| | | |
| mazza (f) | барскан | barskan |
| palanchino (m) | лом | lom |
| scala (f) a pioli | шаты | ʃatı |
| scala (m) a libretto | кичинекей шаты | kitʃinekej ʃatı |
| | | |
| avvitare (stringere) | бурап бекитүү | burap bekityy |
| svitare (vt) | бурап чыгаруу | burap tʃıgaruu |
| stringere (vt) | кысуу | kısuu |
| incollare (vt) | жабыштыруу | dʒabıʃtıruu |
| tagliare (vt) | кесүү | kesyy |
| | | |
| guasto (m) | бузулгандык | buzulgandık |
| riparazione (f) | оңдоо | oŋdoo |
| riparare (vt) | оңдоо | oŋdoo |
| regolare (~ uno strumento) | тууралоо | tuuraloo |
| | | |
| verificare (ispezionare) | текшерүү | tekʃeryy |
| controllo (m) | текшерүү | tekʃeryy |
| lettura, indicazione (f) | көрсөтүү ченем | kørsøtyy tʃenem |
| | | |
| sicuro (agg) | ишеничтүү | iʃenitʃtyy |
| complesso (agg) | кыйын | kıjın |
| | | |
| arrugginire (vi) | дат басуу | dat basuu |
| arrugginito (agg) | дат баскан | dat baskan |
| ruggine (f) | дат | dat |

# Mezzi di trasporto

## 105. Aeroplano

| | | |
|---|---|---|
| aereo (m) | учак | utʃak |
| biglietto (m) aereo | авиабилет | aviabilet |
| compagnia (f) aerea | авиакомпания | aviakompanija |
| aeroporto (m) | аэропорт | aeroport |
| supersonico (agg) | сверхзвуковой | sverχzvukovoj |
| | | |
| comandante (m) | кеме командири | keme komandiri |
| equipaggio (m) | экипаж | ekipadʒ |
| pilota (m) | учкуч | utʃkutʃ |
| hostess (f) | стюардесса | stʉardessa |
| navigatore (m) | штурман | ʃturman |
| | | |
| ali (f pl) | канаттар | kanattar |
| coda (f) | куйрук | kujruk |
| cabina (f) | кабина | kabina |
| motore (m) | кыймылдаткыч | kıjmıldatkıtʃ |
| carrello (m) d'atterraggio | шасси | ʃassi |
| turbina (f) | турбина | turbina |
| | | |
| elica (f) | пропеллер | propeller |
| scatola (f) nera | кара куту | kara kutu |
| barra (f) di comando | штурвал | ʃturval |
| combustibile (m) | күйүүчү май | kyjyytʃy may |
| | | |
| safety card (f) | коопсуздук көрсөтмөсү | koopsuzduk kørsøtmøsy |
| maschera (f) ad ossigeno | кислород чүмбөтү | kislorod tʃymbøty |
| uniforme (f) | бир беткей кийим | bir betkey kijim |
| | | |
| giubbotto (m) di salvataggio | куткаруучу күрмө | kutkaruutʃu kyrmø |
| paracadute (m) | парашют | paraʃʉt |
| | | |
| decollo (m) | учуп көтөрүлүү | utʃup køtørylyy |
| decollare (vi) | учуп көтөрүлүү | utʃup køtørylyy |
| pista (f) di decollo | учуп чыгуу тилкеси | utʃup tʃıguu tilkesi |
| | | |
| visibilità (f) | көрүнүш | kørynyʃ |
| volo (m) | учуу | utʃuu |
| | | |
| altitudine (f) | бийиктик | bijiktik |
| vuoto (m) d'aria | аба чуңкуру | aba tʃyŋkuru |
| | | |
| posto (m) | орун | orun |
| cuffia (f) | кулакчын | kulaktʃın |
| tavolinetto (m) pieghevole | бүктөлмө стол | byktølmø stol |
| oblò (m), finestrino (m) | иллюминатор | illʉminator |
| corridoio (m) | өтмөк | øtmøk |

## 106. Treno

| | | |
|---|---|---|
| treno (m) | поезд | poezd |
| elettrotreno (m) | электричка | elektritʃka |
| treno (m) rapido | бат журуучу поезд | bat dʒyryytʃy poezd |
| locomotiva (f) diesel | тепловоз | teplovoz |
| locomotiva (f) a vapore | паровоз | parovoz |
| | | |
| carrozza (f) | вагон | vagon |
| vagone (m) ristorante | вагон-ресторан | vagon-restoran |
| | | |
| rotaie (f pl) | рельсалар | rel'salar |
| ferrovia (f) | темир жолу | temir dʒolu |
| traversa (f) | шпала | ʃpala |
| | | |
| banchina (f) (~ ferroviaria) | платформа | platforma |
| binario (m) (~ 1, 2) | жол | dʒol |
| semaforo (m) | семафор | semafor |
| stazione (f) | бекет | beket |
| | | |
| macchinista (m) | машинист | maʃinist |
| portabagagli (m) | жук ташуучу | dʒuk taʃuutʃu |
| cuccettista (m, f) | проводник | provodnik |
| passeggero (m) | жүргүнчү | dʒyrgyntʃy |
| controllore (m) | текшерүүчү | tekʃeryytʃy |
| | | |
| corridoio (m) | коридор | koridor |
| freno (m) di emergenza | стоп-кран | stop-kran |
| | | |
| scompartimento (m) | купе | kupe |
| cuccetta (f) | текче | tektʃe |
| cuccetta (f) superiore | үстүңкү текче | ystyŋky tektʃe |
| cuccetta (f) inferiore | ылдыйкы текче | ıldıjkı tektʃe |
| biancheria (f) da letto | жууркан-төшөк | dʒuurkan-tøʃøk |
| | | |
| biglietto (m) | билет | bilet |
| orario (m) | ырааттама | ıraattama |
| tabellone (m) orari | табло | tablo |
| | | |
| partire (vi) | женее | dʒønøø |
| partenza (f) | женее | dʒønøø |
| arrivare (di un treno) | келүү | kelyy |
| arrivo (m) | келүү | kelyy |
| | | |
| arrivare con il treno | поезд менен келүү | poezd menen kelyy |
| salire sul treno | поездге отуруу | poezdge oturuu |
| scendere dal treno | поездден түшүү | poezdden tyʃyy |
| | | |
| deragliamento (m) | кыйроо | kıjroo |
| deragliare (vi) | рельсадан чыгып кетүү | rel'sadan tʃıgıp ketyy |
| | | |
| locomotiva (f) a vapore | паровоз | parovoz |
| fuochista (m) | от жагуучу | ot dʒaguutʃu |
| forno (m) | меш | meʃ |
| carbone (m) | көмүр | kømyr |

## 107. Nave

| | | |
|---|---|---|
| nave (f) | кеме | keme |
| imbarcazione (f) | кеме | keme |
| | | |
| piroscafo (m) | пароход | paroxod |
| barca (f) fluviale | теплоход | teploxod |
| transatlantico (m) | лайнер | lajner |
| incrociatore (m) | крейсер | krejser |
| | | |
| yacht (m) | яхта | jaxta |
| rimorchiatore (m) | буксир | buksir |
| chiatta (f) | баржа | bardʒa |
| traghetto (m) | паром | parom |
| | | |
| veliero (m) | парус | parus |
| brigantino (m) | бригантина | brigantina |
| | | |
| rompighiaccio (m) | муз жаргыч кеме | muz dʒargıtʃ keme |
| sottomarino (m) | суу астында жүрүүчү кеме | suu astında dʒyryytʃy keme |
| | | |
| barca (f) | кайык | kajık |
| scialuppa (f) | шлюпка | ʃlʉpka |
| scialuppa (f) di salvataggio | куткаруу шлюпкасы | kutkaruu ʃlʉpkası |
| motoscafo (m) | катер | kater |
| | | |
| capitano (m) | капитан | kapitan |
| marittimo (m) | матрос | matros |
| marinaio (m) | деңизчи | deŋiztʃi |
| equipaggio (m) | экипаж | ekipadʒ |
| | | |
| nostromo (m) | боцман | botsman |
| mozzo (m) di nave | юнга | jʉnga |
| cuoco (m) | кок | kok |
| medico (m) di bordo | кеме доктуру | keme dokturu |
| | | |
| ponte (m) | палуба | paluba |
| albero (m) | мачта | matʃta |
| vela (f) | парус | parus |
| | | |
| stiva (f) | трюм | trʉm |
| prua (f) | тумшук | tumʃuk |
| poppa (f) | кеменин арткы бөлүгү | kemenin artkı bølygy |
| remo (m) | калак | kalak |
| elica (f) | винт | vint |
| | | |
| cabina (f) | каюта | kajʉta |
| quadrato (m) degli ufficiali | кают-компания | kajʉt-kompanija |
| sala (f) macchine | машина бөлүгү | maʃina bølygy |
| ponte (m) di comando | капитан мостиги | kapitan mostigi |
| cabina (f) radiotelegrafica | радиорубка | radiorubka |
| onda (f) | толкун | tolkun |
| giornale (m) di bordo | кеме журналы | keme dʒurnalı |
| cannocchiale (m) | дүрбү | dyrby |

| | | |
|---|---|---|
| campana (f) | коңгуроо | koŋguroo |
| bandiera (f) | байрак | bajrak |
| | | |
| cavo (m) (~ d'ormeggio) | аркан | arkan |
| nodo (m) | түйүн | tyjyn |
| | | |
| ringhiera (f) | туткуч | tutkutʃ |
| passerella (f) | трап | trap |
| | | |
| ancora (f) | кеме казык | keme kazık |
| levare l'ancora | кеме казыкты көтөрүү | keme kazıktı køtøryy |
| gettare l'ancora | кеме казыкты таштоо | keme kazıktı taʃtoo |
| catena (f) dell'ancora | казык чынжыры | kazık tʃindʒırı |
| | | |
| porto (m) | порт | port |
| banchina (f) | причал | pritʃal |
| ormeggiarsi (vr) | келип токтоо | kelip toktoo |
| salpare (vi) | жээктен алыстоо | dʒeekten alıstoo |
| | | |
| viaggio (m) | саякат | sajakat |
| crociera (f) | деңиз саякаты | deŋiz sajakatı |
| rotta (f) | курс | kurs |
| itinerario (m) | каттам | kattam |
| | | |
| tratto (m) navigabile | фарватер | farvater |
| secca (f) | тайыз жер | tajız dʒer |
| arenarsi (vr) | тайыз жерге отуруу | tajız dʒerge oturuu |
| | | |
| tempesta (f) | бороон чапкын | boroon tʃapkın |
| segnale (m) | сигнал | signal |
| affondare (andare a fondo) | чөгүү | tʃøgyy |
| Uomo in mare! | Сууда адам бар! | suuda adam bar! |
| SOS | SOS | sos |
| salvagente (m) anulare | куткаруучу тегерек | kutkaruutʃu tegerek |

## 108. Aeroporto

| | | |
|---|---|---|
| aeroporto (m) | аэропорт | aeroport |
| aereo (m) | учак | utʃak |
| compagnia (f) aerea | авиакомпания | aviakompanija |
| controllore (m) di volo | авиадиспетчер | aviadispettʃer |
| | | |
| partenza (f) | учуп кетүү | utʃup ketyy |
| arrivo (m) | учуп келүү | utʃup kelyy |
| arrivare (vi) | учуп келүү | utʃup kelyy |
| | | |
| ora (f) di partenza | учуп кетүү убактысы | utʃup ketyy ubaktısı |
| ora (f) di arrivo | учуп келүү убактысы | utʃup kelyy ubaktısı |
| | | |
| essere ritardato | кармалуу | karmaluu |
| volo (m) ritardato | учуп кетүүнүн кечигиши | utʃup ketyynyn ketʃigiʃi |
| | | |
| tabellone (m) orari | маалымат таблосу | maalımat tablosu |
| informazione (f) | маалымат | maalımat |

| | | |
|---|---|---|
| annunciare (vt) | кулактандыруу | kulaktandıruu |
| volo (m) | рейс | rejs |

| | | |
|---|---|---|
| dogana (f) | бажыкана | badʒıkana |
| doganiere (m) | бажы кызматкери | badʒı kızmatkeri |

| | | |
|---|---|---|
| dichiarazione (f) | бажы декларациясы | badʒı deklaratsijası |
| riempire | толтуруу | tolturuu |
| (~ una dichiarazione) | | |
| riempire una dichiarazione | декларация толтуруу | deklaratsija tolturuu |
| controllo (m) passaporti | паспорт текшерүү | pasport tekʃeryy |

| | | |
|---|---|---|
| bagaglio (m) | жүк | dʒyk |
| bagaglio (m) a mano | кол жүгү | kol dʒygy |
| carrello (m) | араба | araba |

| | | |
|---|---|---|
| atterraggio (m) | конуу | konuu |
| pista (f) di atterraggio | конуу тилкеси | konuu tilkesi |
| atterrare (vi) | конуу | konuu |
| scaletta (f) dell'aereo | трап | trap |

| | | |
|---|---|---|
| check-in (m) | катталуу | kattaluu |
| banco (m) del check-in | каттоо стойкасы | kattoo stojkası |
| fare il check-in | катталуу | kattaluu |
| carta (f) d'imbarco | отуруу үчүн талон | oturuu ytʃyn talon |
| porta (f) d'imbarco | чыгуу | tʃıguu |

| | | |
|---|---|---|
| transito (m) | транзит | tranzit |
| aspettare (vt) | күтүү | kytyy |
| sala (f) d'attesa | күтүү залы | kytyy zalı |
| accompagnare (vt) | узатуу | uzatuu |
| congedarsi (vr) | коштошуу | koʃtoʃuu |

## Situazioni quotidiane

### 109. Vacanze. Evento

| | | |
|---|---|---|
| festa (f) | майрам | majram |
| festa (f) nazionale | улуттук | uluttuk |
| festività (f) civile | майрам күнү | majram kyny |
| festeggiare (vt) | майрамдоо | majramdoo |
| | | |
| avvenimento (m) | окуя | okuja |
| evento (m) (organizzare un ~) | иш-чара | iʃ-tʃara |
| banchetto (m) | банкет | banket |
| ricevimento (m) | кабыл алуу | kabıl aluu |
| festino (m) | той | toj |
| | | |
| anniversario (m) | жылдык | dʒıldık |
| giubileo (m) | юбилей | jʉbilej |
| festeggiare (vt) | белгилөө | belgiløø |
| | | |
| Capodanno (m) | Жаңы жыл | dʒaŋı dʒıl |
| Buon Anno! | Жаңы Жылыңар менен! | dʒaŋı dʒılıŋar menen! |
| Babbo Natale (m) | Аяз ата, Санта Клаус | ajaz ata, santa klaus |
| | | |
| Natale (m) | Рождество | rodʒdestvo |
| Buon Natale! | Рождество майрамыңыз менен! | rodʒdestvo majramıŋız menen! |
| | | |
| Albero (m) di Natale | Жаңы жылдык балаты | dʒaŋı dʒıldık balatı |
| fuochi (m pl) artificiali | салют | salʉt |
| | | |
| nozze (f pl) | үйлөнүү той | yjlønyy toy |
| sposo (m) | күйөө | kyjøø |
| sposa (f) | колукту | koluktu |
| | | |
| invitare (vt) | чакыруу | tʃakıruu |
| invito (m) | чакыруу | tʃakıruu |
| | | |
| ospite (m) | конок | konok |
| andare a trovare | конокко баруу | konokko baruu |
| accogliere gli invitati | конок тосуу | konok tosuu |
| | | |
| regalo (m) | белек | belek |
| offrire (~ un regalo) | белек берүү | belek beryy |
| ricevere i regali | белек алуу | belek aluu |
| mazzo (m) di fiori | десте | deste |
| | | |
| auguri (m pl) | куттуктоо | kuttuktoo |
| augurare (vt) | куттуктоо | kuttuktoo |
| | | |
| cartolina (f) | куттуктоо ачык каты | kuttuktoo atʃık katı |
| mandare una cartolina | ачык катты жөнөтүү | atʃık kattı dʒønøtyy |

| | | |
|---|---|---|
| ricevere una cartolina | ачык катты алуу | atʃık kattı aluu |
| brindisi (m) | каалоо тилек | kaaloo tilek |
| offrire (~ qualcosa da bere) | ооз тийгизүү | ooz tijgizyy |
| champagne (m) | шампан | ʃampan |
| | | |
| divertirsi (vr) | көңүл ачуу | køŋyl atʃuu |
| allegria (f) | көңүлдүүлүк | køŋyldyylyk |
| gioia (f) | кубаныч | kubanıtʃ |
| | | |
| danza (f), ballo (m) | бий | bij |
| ballare (vi, vt) | бийлөө | bijløø |
| | | |
| valzer (m) | вальс | valʲs |
| tango (m) | танго | tango |

## 110. Funerali. Sepoltura

| | | |
|---|---|---|
| cimitero (m) | мүрзө | myrzø |
| tomba (f) | мүрзө | myrzø |
| croce (f) | крест | krest |
| pietra (f) tombale | мүрзө үстүндөгү жазуу | myrzø ystyndøgy dʒazuu |
| recinto (m) | тосмо | tosmo |
| cappella (f) | кичинекей чиркөө | kitʃinekej tʃirkøø |
| | | |
| morte (f) | өлүм | ølym |
| morire (vi) | өлүү | ølyy |
| defunto (m) | маркум | markum |
| lutto (m) | аза | aza |
| | | |
| seppellire (vt) | көмүү | kømyy |
| sede (f) di pompe funebri | ырасым бюросу | ırasım bʉrosu |
| funerale (m) | сөөк узатуу жана көмүү | søøk uzatuu dʒana kømyy |
| | | |
| corona (f) di fiori | гүлчамбар | gyltʃambar |
| bara (f) | табыт | tabıt |
| carro (m) funebre | катафалк | katafalk |
| lenzuolo (m) funebre | кепин | kepin |
| | | |
| corteo (m) funebre | узатуу жүрүшү | uzatuu dʒyryʃy |
| urna (f) funeraria | сөөк күлдүн кутусу | søøk kyldyn kutusu |
| crematorio (m) | крематорий | krematorij |
| | | |
| necrologio (m) | некролог | nekrolog |
| piangere (vi) | ыйлоо | ıjloo |
| singhiozzare (vi) | боздоп ыйлоо | bozdop ıjloo |

## 111. Guerra. Soldati

| | | |
|---|---|---|
| plotone (m) | взвод | vzvod |
| compagnia (f) | рота | rota |
| reggimento (m) | полк | polk |
| esercito (m) | армия | armija |

T&P Books. Vocabolario Italiano-Chirghiso per studio autodidattico - 5000 parole

| divisione (f) | дивизия | divizija |
| distaccamento (m) | отряд | otrʲad |
| armata (f) | куралдуу аскер | kuralduu asker |

| soldato (m) | аскер | asker |
| ufficiale (m) | офицер | ofitser |

| soldato (m) semplice | катардагы жоокер | katardagı dʒooker |
| sergente (m) | сержант | serdʒant |
| tenente (m) | лейтенант | lejtenant |
| capitano (m) | капитан | kapitan |
| maggiore (m) | майор | major |

| colonnello (m) | полковник | polkovnik |
| generale (m) | генерал | general |

| marinaio (m) | деңизчи | deŋiztʃi |
| capitano (m) | капитан | kapitan |
| nostromo (m) | боцман | botsman |

| artigliere (m) | артиллерист | artillerist |
| paracadutista (m) | десантник | desantnik |
| pilota (m) | учкуч | utʃkutʃ |

| navigatore (m) | штурман | ʃturman |
| meccanico (m) | механик | meχanik |

| geniere (m) | сапёр | sapʲor |
| paracadutista (m) | парашютист | paraʃutist |

| esploratore (m) | чалгынчы | tʃalgıntʃı |
| cecchino (m) | көзатар | køzatar |

| pattuglia (f) | жол-күзөт | dʒol-kyzøt |
| pattugliare (vt) | жол-күзөткө чыгуу | dʒol-kyzøtkø tʃıguu |
| sentinella (f) | сакчы | saktʃı |

| guerriero (m) | жоокер | dʒooker |
| patriota (m) | мекенчил | mekentʃil |

| eroe (m) | баатыр | baatır |
| eroina (f) | баатыр айым | baatır ajım |

| traditore (m) | чыккынчы | tʃıkkıntʃı |
| tradire (vt) | кыянаттык кылуу | kıjanattık kıluu |

| disertore (m) | качкын | katʃkın |
| disertare (vi) | качуу | katʃuu |

| mercenario (m) | жалданма | dʒaldanma |
| recluta (f) | жаңы алынган аскер | dʒaŋı alıngan asker |
| volontario (m) | ыктыярчы | ıktıjartʃı |

| ucciso (m) | өлтүрүлгөн | øltyrylgøn |
| ferito (m) | жарадар | dʒaradar |
| prigioniero (m) di guerra | туткун | tutkun |

## 112. Guerra. Azioni militari. Parte 1

| | | |
|---|---|---|
| guerra (f) | согуш | soguʃ |
| essere in guerra | согушуу | soguʃuu |
| guerra (f) civile | жарандык согуш | dʒarandık soguʃ |
| | | |
| perfidamente | жүзү каралык менен кол салуу | dʒyzy karalık menen kol saluu |
| dichiarazione (f) di guerra | согушту жарыялоо | soguʃtu dʒarıjaloo |
| dichiarare (~ guerra) | согуш жарыялоо | soguʃ dʒarıjaloo |
| aggressione (f) | агрессия | agressija |
| attaccare (vt) | кол салуу | kol saluu |
| | | |
| invadere (vt) | басып алуу | basıp aluu |
| invasore (m) | баскынчы | baskıntʃı |
| conquistatore (m) | басып алуучу | basıp aluutʃu |
| | | |
| difesa (f) | коргонуу | korgonuu |
| difendere (~ un paese) | коргоо | korgoo |
| difendersi (vr) | коргонуу | korgonuu |
| | | |
| nemico (m) | душман | duʃman |
| avversario (m) | каршылаш | karʃılaʃ |
| ostile (agg) | душмандын | duʃmandın |
| | | |
| strategia (f) | стратегия | strategija |
| tattica (f) | тактика | taktika |
| | | |
| ordine (m) | буйрук | bujruk |
| comando (m) | команда | komanda |
| ordinare (vt) | буйрук берүү | bujruk beryy |
| missione (f) | тапшырма | tapʃırma |
| segreto (agg) | жашыруун | dʒaʃıruun |
| | | |
| battaglia (f) | салгылаш | salgılaʃ |
| battaglia (f) | согуш | soguʃ |
| combattimento (m) | салгылаш | salgılaʃ |
| | | |
| attacco (m) | чабуул | tʃabuul |
| assalto (m) | чабуул | tʃabuul |
| assalire (vt) | чабуул жасоо | tʃabuul dʒasoo |
| assedio (m) | тегеректеп курчоо | tegerektep kurtʃoo |
| | | |
| offensiva (f) | чабуул | tʃabuul |
| passare all'offensiva | чабуул салуу | tʃabuul saluu |
| | | |
| ritirata (f) | чегинүү | tʃeginyy |
| ritirarsi (vr) | чегинүү | tʃeginyy |
| | | |
| accerchiamento (m) | курчоо | kurtʃoo |
| accerchiare (vt) | курчоого алуу | kurtʃoogo aluu |
| | | |
| bombardamento (m) | бомба жаадыруу | bomba dʒaadıruu |
| lanciare una bomba | бомба таштоо | bomba taʃtoo |
| bombardare (vt) | бомба жаадыруу | bomba dʒaadıruu |

| | | |
|---|---|---|
| esplosione (f) | жарылуу | dʒarıluu |
| sparo (m) | атылуу | atıluu |
| sparare un colpo | атуу | atuu |
| sparatoria (f) | атуу | atuu |
| | | |
| puntare su ... | мээлөө | meeløø |
| puntare (~ una pistola) | мээлөө | meeløø |
| colpire (~ il bersaglio) | тийүү | tijyy |
| | | |
| affondare (mandare a fondo) | чөктүрүү | tʃøktyryy |
| falla (f) | тешик | teʃik |
| affondare (andare a fondo) | суу астына кетүү | suu astına ketyy |
| | | |
| fronte (m) (~ di guerra) | майдан | majdan |
| evacuazione (f) | эвакуация | evakuatsija |
| evacuare (vt) | эвакуациялоо | evakuatsijaloo |
| | | |
| trincea (f) | окоп | okop |
| filo (m) spinato | тикендүү зым | tikendyy zım |
| sbarramento (m) | тосмо | tosmo |
| torretta (f) di osservazione | мунара | munara |
| | | |
| ospedale (m) militare | госпиталь | gospitalʲ |
| ferire (vt) | жарадар кылуу | dʒaradar kıluu |
| ferita (f) | жара | dʒara |
| ferito (m) | жарадар | dʒaradar |
| rimanere ferito | жаракат алуу | dʒarakat aluu |
| grave (ferita ~) | оор жаракат | oor dʒarakat |

## 113. Guerra. Azioni militari. Parte 2

| | | |
|---|---|---|
| prigionia (f) | туткун | tutkun |
| fare prigioniero | туткунга алуу | tutkunga aluu |
| essere prigioniero | туткунда болуу | tutkunda boluu |
| essere fatto prigioniero | туткунга түшүү | tutkunga tyʃyy |
| | | |
| campo (m) di concentramento | концлагерь | kontslagerʲ |
| prigioniero (m) di guerra | туткун | tutkun |
| fuggire (vi) | качуу | katʃuu |
| | | |
| tradire (vt) | кыянаттык кылуу | kıjanattık kıluu |
| traditore (m) | чыккынчы | tʃıkkıntʃı |
| tradimento (m) | чыккынчылык | tʃıkkıntʃılık |
| | | |
| fucilare (vt) | атып өлтүрүү | atıp øltyryy |
| fucilazione (f) | атып өлтүрүү | atıp øltyryy |
| | | |
| divisa (f) militare | аскер кийими | asker kijimi |
| spallina (f) | погон | pogon |
| maschera (f) antigas | противогаз | protivogaz |
| | | |
| radiotrasmettitore (m) | рация | ratsija |
| codice (m) | шифр | ʃifr |
| complotto (m) | жекеликте сактоо | dʒekelikte saktoo |

| parola (f) d'ordine | сырсөз | sırsøz |
| mina (f) | мина | mina |
| minare (~ la strada) | миналоо | minaloo |
| campo (m) minato | мина талаасы | mina talaası |
| allarme (m) aereo | аба айгайы | aba ajgajı |
| allarme (m) | айгай | ajgaj |
| segnale (m) | сигнал | signal |
| razzo (m) di segnalazione | сигнал ракетасы | signal raketası |

| quartier (m) generale | штаб | ʃtab |
| esplorazione (m) | чалгын | tʃalgın |
| situazione (f) | кырдаал | kırdaal |
| rapporto (m) | рапорт | raport |
| agguato (m) | буктурма | bukturma |
| rinforzo (m) | кошумча күч | koʃumtʃa kytʃ |

| bersaglio (m) | бута | buta |
| terreno (m) di caccia | полигон | poligon |
| manovre (f pl) | манервлер | manervler |

| panico (m) | дүрбөлөң | dyrbøløŋ |
| devastazione (f) | кыйроо | kıjroo |
| distruzione (m) | кыйроо | kıjroo |
| distruggere (vt) | кыйратуу | kıjratuu |

| sopravvivere (vi, vt) | тирүү калуу | tiryy kaluu |
| disarmare (vt) | куралсыздандыруу | kuralsızdandıruu |
| maneggiare (una pistola, ecc.) | мамиле кылуу | mamile kıluu |
| Attenti! | Түз тур! | tyz tur! |
| Riposo! | Эркин! | erkin! |

| atto (m) eroico | эрдик | erdik |
| giuramento (m) | ант | ant |
| giurare (vi) | ант берүү | ant beryy |

| decorazione (f) | сыйлык | sıjlık |
| decorare (qn) | сыйлоо | sıjloo |
| medaglia (f) | медаль | medalʲ |
| ordine (m) (~ al Merito) | орден | orden |

| vittoria (f) | жеңиш | dʒeŋiʃ |
| sconfitta (m) | жеңилүү | dʒeŋilyy |
| armistizio (m) | жарашуу | dʒaraʃuu |

| bandiera (f) | байрак | bajrak |
| gloria (f) | даңк | daŋk |
| parata (f) | парад | parad |
| marciare (in parata) | маршта басуу | marʃta basuu |

## 114. Armi

| armi (f pl) | курал | kural |
| arma (f) da fuoco | курал жарак | kural dʒarak |

| | | |
|---|---|---|
| arma (f) bianca | атылбас курал | atılbas kural |
| armi (f pl) chimiche | химиялык курал | ximijalık kural |
| nucleare (agg) | ядерлүү | jaderlyy |
| armi (f pl) nucleari | ядерлүү курал | jaderlyy kural |
| | | |
| bomba (f) | бомба | bomba |
| bomba (f) atomica | атом бомбасы | atom bombası |
| | | |
| pistola (f) | тапанча | tapantʃa |
| fucile (m) | мылтык | mıltık |
| mitra (m) | автомат | avtomat |
| mitragliatrice (f) | пулемёт | pulemʲot |
| | | |
| bocca (f) | мылтыктын оозу | mıltıktın oozu |
| canna (f) | ствол | stvol |
| calibro (m) | калибр | kalibr |
| | | |
| grilletto (m) | курок | kurok |
| mirino (m) | кароолго алуу | karoolgo aluu |
| caricatore (m) | магазин | magazin |
| calcio (m) | күндак | kyndak |
| | | |
| bomba (f) a mano | граната | granata |
| esplosivo (m) | жарылуучу зат | dʒarıluutʃu zat |
| | | |
| pallottola (f) | ок | ok |
| cartuccia (f) | патрон | patron |
| carica (f) | дүрмөк | dyrmøk |
| munizioni (f pl) | ок-дары | ok-darı |
| | | |
| bombardiere (m) | бомбалоочу | bombalootʃu |
| aereo (m) da caccia | кыйраткыч учак | kıjratkıtʃ utʃak |
| elicottero (m) | вертолёт | vertolʲot |
| | | |
| cannone (m) antiaereo | зенитка | zenitka |
| carro (m) armato | танк | tank |
| cannone (m) | замбирек | zambirek |
| | | |
| artiglieria (f) | артиллерия | artillerija |
| cannone (m) | замбирек | zambirek |
| mirare a … | мээлөө | meeløø |
| | | |
| proiettile (m) | снаряд | snarʲad |
| granata (f) da mortaio | мина | mina |
| mortaio (m) | миномёт | minomʲot |
| scheggia (f) | сыныктар | sınıktar |
| | | |
| sottomarino (m) | суу астында жүрүүчү кеме | suu astında dʒyryytʃy keme |
| siluro (m) | торпеда | torpeda |
| missile (m) | ракета | raketa |
| | | |
| caricare (~ una pistola) | октоо | oktoo |
| sparare (vi) | атуу | atuu |
| puntare su … | мээлөө | meeløø |
| baionetta (f) | найза | najza |

| | | |
|---|---|---|
| spada (f) | шпага | ʃpaga |
| sciabola (f) | кылыч | kılıtʃ |
| lancia (f) | найза | najza |
| arco (m) | жаа | dʒaa |
| freccia (f) | жебе | dʒebe |
| moschetto (m) | мушкет | muʃket |
| balestra (f) | арбалет | arbalet |

## 115. Gli antichi

| | | |
|---|---|---|
| primitivo (agg) | алгачкы | algatʃkı |
| preistorico (agg) | тарыхтан илгери | tarıχtan ilgeri |
| antico (agg) | байыркы | bajırkı |
| | | |
| Età (f) della pietra | Таш доору | taʃ dooru |
| Età (f) del bronzo | Коло доору | kolo dooru |
| epoca (f) glaciale | Муз доору | muz dooru |
| | | |
| tribù (f) | уруу | uruu |
| cannibale (m) | адам жегич | adam dʒegitʃ |
| cacciatore (m) | аңчы | aŋtʃı |
| cacciare (vt) | аңчылык кылуу | aŋtʃılık kıluu |
| mammut (m) | мамонт | mamont |
| | | |
| caverna (f), grotta (f) | үңкүр | yŋkyr |
| fuoco (m) | от | ot |
| falò (m) | от | ot |
| pittura (f) rupestre | ташка чегерилген сүрөт | taʃka tʃegerilgen syrøt |
| | | |
| strumento (m) di lavoro | эмгек куралы | emgek kuralı |
| lancia (f) | найза | najza |
| ascia (f) di pietra | таш балта | taʃ balta |
| essere in guerra | согушуу | soguʃuu |
| addomesticare (vt) | колго көндүрүү | kolgo køndyryy |
| | | |
| idolo (m) | бут | but |
| idolatrare (vt) | сыйынуу | sıjınuu |
| superstizione (f) | жок нерсеге ишенүү | dʒok nersege iʃenyy |
| rito (m) | ырым-жырым | ırım-dʒırım |
| | | |
| evoluzione (f) | эволюция | evolʉtsija |
| sviluppo (m) | өнүгүү | ønygyy |
| | | |
| estinzione (f) | жок болуу | dʒok boluu |
| adattarsi (vr) | ылайыкташуу | ılajıktaʃuu |
| | | |
| archeologia (f) | археология | arχeologija |
| archeologo (m) | археолог | arχeolog |
| archeologico (agg) | археологиялык | arχeologijalık |
| | | |
| sito (m) archeologico | казуу жери | kazuu dʒeri |
| scavi (m pl) | казуу иштери | kazuu iʃteri |
| reperto (m) | табылга | tabılga |
| frammento (m) | фрагмент | fragment |

## 116. Il Medio Evo

| | | |
|---|---|---|
| popolo (m) | эл | el |
| popoli (m pl) | элдер | elder |
| tribù (f) | уруу | uruu |
| tribù (f pl) | уруулар | uruular |
| | | |
| barbari (m pl) | варварлар | varvarlar |
| galli (m pl) | галлдар | galldar |
| goti (m pl) | готтор | gottor |
| slavi (m pl) | славяндар | slavjandar |
| vichinghi (m pl) | викингдер | vikingder |
| | | |
| romani (m pl) | римдиктер | rimdikter |
| romano (agg) | римдик | rimdik |
| | | |
| bizantini (m pl) | византиялыктар | vizantijalıktar |
| Bisanzio (m) | Византия | vizantija |
| bizantino (agg) | византиялык | vizantijalık |
| | | |
| imperatore (m) | император | imperator |
| capo (m) | башчы | baʃtʃı |
| potente (un re ~) | кудуреттүү | kudurettyy |
| re (m) | король, падыша | korolʲ, padıʃa |
| governante (m) (sovrano) | башкаруучу | baʃkaruutʃu |
| | | |
| cavaliere (m) | рыцарь | rıtsarʲ |
| feudatario (m) | феодал | feodal |
| feudale (agg) | феодалдуу | feodalduu |
| vassallo (m) | вассал | vassal |
| | | |
| duca (m) | герцог | gertsog |
| conte (m) | граф | graf |
| barone (m) | барон | baron |
| vescovo (m) | епископ | episkop |
| | | |
| armatura (f) | курал жана соот-шайман | kural dʒana soot-ʃajman |
| scudo (m) | калкан | kalkan |
| spada (f) | кылыч | kılıtʃ |
| visiera (f) | тууганын бет калканы | tuulganın bet kalkanı |
| cotta (f) di maglia | зоот | zoot |
| | | |
| crociata (f) | крест астындагы черүү | krest astındagı tʃeryy |
| crociato (m) | черүүгө чыгуучу | tʃeryygø tʃıguutʃu |
| | | |
| territorio (m) | аймак | ajmak |
| attaccare (vt) | кол салуу | kol saluu |
| conquistare (vt) | ээ болуу | ee boluu |
| occupare (invadere) | басып алуу | basıp aluu |
| | | |
| assedio (m) | тегеректеп курчоо | tegerektep kurtʃoo |
| assediato (agg) | курчалган | kurtʃalgan |
| assediare (vt) | курчоого алуу | kurtʃoogo aluu |
| inquisizione (f) | инквизиция | inkvizitsija |
| inquisitore (m) | инквизитор | inkvizitor |

| | | |
|---|---|---|
| tortura (f) | кыйноо | kıjnoo |
| crudele (agg) | ырайымсыз | ırajımsız |
| eretico (m) | еретик | eretik |
| eresia (f) | ересь | eresʲ |
| | | |
| navigazione (f) | деңизде сүзүү | deŋizde syzyy |
| pirata (m) | деңиз каракчысы | deŋiz karaktʃısı |
| pirateria (f) | деңиз каракчылыгы | deŋiz karaktʃılıgı |
| arrembaggio (m) | абордаж | abordadʒ |
| bottino (m) | олжо | oldʒo |
| tesori (m) | казына | kazına |
| | | |
| scoperta (f) | ачылыш | atʃılıʃ |
| scoprire (~ nuove terre) | таап ачуу | taap atʃuu |
| spedizione (f) | экспедиция | ekspeditsija |
| | | |
| moschettiere (m) | мушкетёр | muʃketʲor |
| cardinale (m) | кардинал | kardinal |
| araldica (f) | геральдика | geralʲdika |
| araldico (agg) | гералдык | geraldık |

## 117. Leader. Capo. Le autorità

| | | |
|---|---|---|
| re (m) | король, падыша | korolʲ, padıʃa |
| regina (f) | ханыша | χanıʃa |
| reale (agg) | падышалык | padıʃalık |
| regno (m) | падышалык | padıʃalık |
| | | |
| principe (m) | канзаада | kanzaada |
| principessa (f) | ханбийке | χanbijke |
| | | |
| presidente (m) | президент | prezident |
| vicepresidente (m) | вице-президент | vitse-prezident |
| senatore (m) | сенатор | senator |
| | | |
| monarca (m) | монарх | monarχ |
| governante (m) (sovrano) | башкаруучу | baʃkaruutʃu |
| dittatore (m) | диктатор | diktator |
| tiranno (m) | зулум | zulum |
| magnate (m) | магнат | magnat |
| | | |
| direttore (m) | директор | direktor |
| capo (m) | башчы | baʃtʃı |
| dirigente (m) | башкаруучу | baʃkaruutʃu |
| capo (m) | шеф | ʃef |
| proprietario (m) | кожоюн | kodʒodʒʉn |
| | | |
| leader (m) | алдыңкы катардагы | aldıŋkı katardagı |
| capo (m) (~ delegazione) | башчы | baʃtʃı |
| autorità (f pl) | бийликтер | bijlikter |
| superiori (m pl) | башчылар | baʃtʃılar |
| | | |
| governatore (m) | губернатор | gubernator |
| console (m) | консул | konsul |

| | | |
|---|---|---|
| diplomatico (m) | дипломат | diplomat |
| sindaco (m) | мэр | mer |
| sceriffo (m) | шериф | ʃerif |
| | | |
| imperatore (m) | император | imperator |
| zar (m) | падыша | padıʃa |
| faraone (m) | фараон | faraon |
| khan (m) | хан | χan |

## 118. Infrangere la legge. Criminali. Parte 1

| | | |
|---|---|---|
| bandito (m) |ууру-кески | uuru-keski |
| delitto (m) | кылмыш | kılmıʃ |
| criminale (m) | кылмышкер | kılmıʃker |
| | | |
| ladro (m) |ууру | uuru |
| rubare (vi, vt) | уурдоо | uurdoo |
| ruberia (f) | уурулук | uuruluk |
| reato (m) di furto | уурдоо | uurdoo |
| | | |
| rapire (vt) | ала качуу | ala katʃuu |
| rapimento (m) | ала качуу | ala katʃuu |
| rapitore (m) | ала качуучу | ala katʃuutʃu |
| | | |
| riscatto (m) | кутказуу акчасы | kutkazuu aktʃası |
| chiedere il riscatto | кутказуу акчага талап коюу | kutkazuu aktʃaga talap kojuu |
| | | |
| rapinare (vt) | тоноо | tonoo |
| rapina (f) | тоноо | tonoo |
| rapinatore (m) | тоноочу | tonootʃu |
| | | |
| estorcere (vt) | опузалоо | opuzaloo |
| estorsore (m) | опузалоочу | opuzalootʃu |
| estorsione (f) | опуза | opuza |
| | | |
| uccidere (vt) | өлтүрүү | øltyryy |
| assassinio (m) | өлтүрүү | øltyryy |
| assassino (m) | киши өлтүргүч | kiʃi øltyrgytʃ |
| | | |
| sparo (m) | атылуу | atıluu |
| tirare un colpo | атуу | atuu |
| abbattere (con armi da fuoco) | атып салуу | atıp saluu |
| sparare (vi) | атуу | atuu |
| sparatoria (f) | атышуу | atıʃuu |
| | | |
| incidente (m) (rissa, ecc.) | окуя | okuja |
| rissa (f) | уруш | uruʃ |
| Aiuto! | Жардамга! | dʒardamga! |
| vittima (f) | жапа чеккен | dʒapa tʃekken |
| | | |
| danneggiare (vt) | зыян келтирүү | zıjan keltiryy |
| danno (m) | залал | zalal |
| cadavere (m) | өлүк | ølyk |

| | | |
|---|---|---|
| grave (reato ~) | оор | oor |
| aggredire (vt) | кол салуу | kol saluu |
| picchiare (vt) | уруу | uruu |
| malmenare (picchiare) | ур-токмокко алуу | ur-tokmokko aluu |
| sottrarre (vt) | тартып алуу | tartıp aluu |
| accoltellare a morte | союп өлтүрүү | sojup øltyryy |
| mutilare (vt) | майып кылуу | majıp kıluu |
| ferire (vt) | жарадар кылуу | dʒaradar kıluu |
| | | |
| ricatto (m) | шантаж кылуу | ʃantadʒ kıluu |
| ricattare (vt) | шантаждоо | ʃantadʒdoo |
| ricattatore (m) | шантажист | ʃantadʒist |
| | | |
| estorsione (f) | рэкет | reket |
| estortore (m) | рэкетир | reketir |
| gangster (m) | гангстер | gangster |
| mafia (f) | мафия | mafija |
| | | |
| borseggiatore (m) | чөнтөк ууру | tʃøntøk uuru |
| scassinatore (m) | бузуп алуучу ууру | buzup aluutʃu uuru |
| contrabbando (m) | контрабанда | kontrabanda |
| contrabbandiere (m) | контрабандачы | kontrabandatʃı |
| | | |
| falsificazione (f) | окшотуп жасоо | okʃotup dʒasoo |
| falsificare (vt) | жасалмалоо | dʒasalmaloo |
| falso, falsificato (agg) | жасалма | dʒasalma |

## 119. Infrangere la legge. Criminali. Parte 2

| | | |
|---|---|---|
| stupro (m) | зордуктоо | zorduktoo |
| stuprare (vt) | зордуктоо | zorduktoo |
| stupratore (m) | зордукчул | zorduktʃul |
| maniaco (m) | маньяк | manjak |
| | | |
| prostituta (f) | сойку | sojku |
| prostituzione (f) | сойкучулук | sojkutʃuluk |
| magnaccia (m) | жак бакты | dʒak baktı |
| | | |
| drogato (m) | баңги | baŋgi |
| trafficante (m) di droga | баңгизат сатуучу | baŋgizat satuutʃu |
| | | |
| far esplodere | жардыруу | dʒardıruu |
| esplosione (f) | жарылуу | dʒarıluu |
| incendiare (vt) | өрттөө | ørttøø |
| incendiario (m) | өрттөөчү | ørttøøtʃy |
| | | |
| terrorismo (m) | терроризм | terrorizm |
| terrorista (m) | террорист | terrorist |
| ostaggio (m) | заложник | zalodʒnik |
| | | |
| imbrogliare (vt) | алдоо | aldoo |
| imbroglio (m) | алдамчылык | aldamtʃılık |
| imbroglione (m) | алдамчы | aldamtʃı |
| corrompere (vt) | сатып алуу | satıp aluu |

| | | |
|---|---|---|
| corruzione (f) | сатып алуу | satıp aluu |
| bustarella (f) | пара | para |
| | | |
| veleno (m) | уу | uu |
| avvelenare (vt) | уулaндыруу | uulandıruu |
| avvelenarsi (vr) | ууланyy | uulanuu |
| | | |
| suicidio (m) | жанын кыюу | dʒanın kıdʒuu |
| suicida (m) | жанын кыйгыч | dʒanın kıjgıtʃ |
| | | |
| minacciare (vt) | коркутуу | korkutuu |
| minaccia (f) | коркунуч | korkunutʃ |
| attentare (vi) | кол салуу | kol saluu |
| attentato (m) | кол салуу | kol saluu |
| | | |
| rubare (~ una macchina) | айдап кетүү | ajdap ketyy |
| dirottare (~ un aereo) | ала качуу | ala katʃuu |
| | | |
| vendetta (f) | кек | kek |
| vendicare (vt) | өч алуу | øtʃ aluu |
| | | |
| torturare (vt) | кыйноо | kıjnoo |
| tortura (f) | кыйноо | kıjnoo |
| maltrattare (vt) | азапка салуу | azapka saluu |
| | | |
| pirata (m) | деңиз каракчысы | deŋiz karaktʃısı |
| teppista (m) | бейбаш | bejbaʃ |
| armato (agg) | куралданган | kuraldangan |
| violenza (f) | зордук | zorduk |
| illegale (agg) | мыйзамдан тыш | mıjzamdan tıʃ |
| | | |
| spionaggio (m) | тыңчылык | tıŋtʃılık |
| spiare (vi) | тыңчылык кылуу | tıŋtʃılık kıluu |

## 120. Polizia. Legge. Parte 1

| | | |
|---|---|---|
| giustizia (f) | адилеттүү сот | adilettyy sot |
| tribunale (m) | сот | sot |
| | | |
| giudice (m) | сот | sot |
| giurati (m) | сот калыстары | sot kalıstarı |
| processo (m) con giuria | калыстар соту | sot |
| giudicare (vt) | сотко тартуу | sotko tartuu |
| | | |
| avvocato (m) | жактоочу | dʒaktootʃu |
| imputato (m) | сот жообуна тартылган киши | sot dʒoobuna tartılgan kiʃi |
| banco (m) degli imputati | соттуулар отуруучу орун | sottuular oturuutʃu orun |
| | | |
| accusa (f) | айыптоо | ajıptoo |
| accusato (m) | айыпталуучу | ajıptaluutʃu |
| | | |
| condanna (f) | өкүм | økym |
| condannare (vt) | өкүм чыгаруу | økym tʃıgaruu |

| | | |
|---|---|---|
| colpevole (m) | күнөөкөр | kynøøkør |
| punire (vt) | жазалоо | dʒazaloo |
| punizione (f) | жаза | dʒaza |
| | | |
| multa (f), ammenda (f) | айып | ajıp |
| ergastolo (m) | өмүр бою | ømyr bojʉ |
| pena (f) di morte | өлүм жазасы | ølym dʒazasɪ |
| sedia (f) elettrica | электр столу | elektr stolu |
| impiccagione (f) | дарга | darga |
| | | |
| giustiziare (vt) | өлүм жазасын аткаруу | ølym dʒazasın atkaruu |
| esecuzione (f) | өлүм жазасын аткаруу | ølym dʒazasın atkaruu |
| | | |
| prigione (f) | түрмө | tyrmø |
| cella (f) | камера | kamera |
| | | |
| scorta (f) | конвой | konvoj |
| guardia (f) carceraria | түрмө сакчысы | tyrmø saktʃısı |
| prigioniero (m) | камактагы адам | kamaktagı adam |
| | | |
| manette (f pl) | кишен | kiʃen |
| mettere le manette | кишен кийгизүү | kiʃen kijgizyy |
| | | |
| fuga (f) | качуу | katʃuu |
| fuggire (vi) | качуу | katʃuu |
| scomparire (vi) | жоголуп кетүү | dʒogolup ketyy |
| liberare (vt) | бошотуу | boʃotuu |
| amnistia (f) | амнистия | amnistija |
| | | |
| polizia (f) | полиция | politsija |
| poliziotto (m) | полиция кызматкери | politsija kızmatkeri |
| commissariato (m) | полиция бөлүмү | politsija bølymy |
| manganello (m) | резина союлчасы | rezina sojʉltʃasɪ |
| altoparlante (m) | керней | kernej |
| | | |
| macchina (f) di pattuglia | жол күзөт машинасы | dʒol kyzøt maʃinasɪ |
| sirena (f) | сирена | sirena |
| mettere la sirena | сиренаны басуу | sirenanı basuu |
| suono (m) della sirena | сиренанын боздошу | sirenanın bozdoʃu |
| | | |
| luogo (m) del crimine | кылмыш болгон жер | kılmıʃ bolgon dʒer |
| testimone (m) | күбө | kybø |
| libertà (f) | эркиндик | erkindik |
| complice (m) | шерик | ʃerik |
| fuggire (vi) | из жашыруу | iz dʒaʃıruu |
| traccia (f) | из | iz |

## 121. Polizia. Legge. Parte 2

| | | |
|---|---|---|
| ricerca (f) (~ di un criminale) | издөө | izdøø |
| cercare (vt) | ... издөө | ... izdøø |
| sospetto (m) | шек | ʃek |
| sospetto (agg) | шектүү | ʃektyy |
| fermare (vt) | токтотуу | toktotuu |

| | | |
|---|---|---|
| arrestare (qn) | кармоо | karmoo |
| causa (f) | иш | iʃ |
| inchiesta (f) | териштирүү | teriʃtiryy |
| detective (m) | аңдуучу | aŋduutʃu |
| investigatore (m) | тергөөчү | tergøøtʃy |
| versione (f) | жоромол | dʒoromol |
| | | |
| movente (m) | себеп | sebep |
| interrogatorio (m) | сурак | surak |
| interrogare (sospetto) | суракка алуу | surakka aluu |
| interrogare (vicini) | сураштыруу | suraʃtıruu |
| controllo (m) (~ di polizia) | текшерүү | tekʃeryy |
| | | |
| retata (f) | тегеректөө | tegerektøø |
| perquisizione (f) | тинтүү | tintyy |
| inseguimento (m) | куу | kuu |
| inseguire (vt) | изине түшүү | izine tyʃyy |
| essere sulle tracce | изине түшүү | izine tyʃyy |
| | | |
| arresto (m) | камак | kamak |
| arrestare (qn) | камакка алуу | kamakka aluu |
| catturare (~ un ladro) | кармоо | karmoo |
| cattura (f) | колго түшүрүү | kolgo tyʃyryy |
| | | |
| documento (m) | документ | dokument |
| prova (f), reperto (m) | далил | dalil |
| provare (vt) | далилдөө | dalildøø |
| impronta (f) del piede | из | iz |
| impronte (f pl) digitali | манжанын изи | mandʒanın izi |
| elemento (m) di prova | далил | dalil |
| | | |
| alibi (m) | алиби | alibi |
| innocente (agg) | бейкүнөө | bejkynøø |
| ingiustizia (f) | адилетсиздик | adiletsizdik |
| ingiusto (agg) | адилетсиз | adiletsiz |
| | | |
| criminale (agg) | кылмыштуу | kılmıʃtuu |
| confiscare (vt) | тартып алуу | tartıp aluu |
| droga (f) | баңгизат | baŋgizat |
| armi (f pl) | курал | kural |
| disarmare (vt) | куралсыздандыруу | kuralsızdandıruu |
| ordinare (vt) | буйрук берүү | bujruk beryy |
| sparire (vi) | жоголуп кетүү | dʒogolup ketyy |
| | | |
| legge (f) | мыйзам | mıjzam |
| legale (agg) | мыйзамдуу | mıjzamduu |
| illegale (agg) | мыйзамдан тыш | mıjzamdan tıʃ |
| | | |
| responsabilità (f) | жоопкерчилик | dʒoopkertʃilik |
| responsabile (agg) | жоопкерчиликтүү | dʒoopkertʃiliktyy |

# LA NATURA

## La Terra. Parte 1

### 122. L'Universo

| | | |
|---|---|---|
| cosmo (m) | космос | kosmos |
| cosmico, spaziale (agg) | космос | kosmos |
| spazio (m) cosmico | космос мейкиндиги | kosmos mejkindigi |
| | | |
| mondo (m) | дүйнө | dyjnø |
| universo (m) | аалам | aalam |
| galassia (f) | галактика | galaktika |
| | | |
| stella (f) | жылдыз | dʒɪldɪz |
| costellazione (f) | жылдыздар | dʒɪldɪzdar |
| pianeta (m) | планета | planeta |
| satellite (m) | жолдош | dʒoldoʃ |
| | | |
| meteorite (m) | метеорит | meteorit |
| cometa (f) | комета | kometa |
| asteroide (m) | астероид | asteroid |
| | | |
| orbita (f) | орбита | orbita |
| ruotare (vi) | айлануу | ajlanuu |
| atmosfera (f) | атмосфера | atmosfera |
| | | |
| il Sole | күн | kyn |
| sistema (m) solare | күн системасы | kyn sistemasɪ |
| eclisse (f) solare | күндүн тутулушу | kyndyn tutuluʃu |
| | | |
| la Terra | Жер | dʒer |
| la Luna | Ай | aj |
| | | |
| Marte (m) | Марс | mars |
| Venere (f) | Венера | venera |
| Giove (m) | Юпитер | jʉpiter |
| Saturno (m) | Сатурн | saturn |
| | | |
| Mercurio (m) | Меркурий | merkurij |
| Urano (m) | Уран | uran |
| Nettuno (m) | Нептун | neptun |
| Plutone (m) | Плутон | pluton |
| | | |
| Via (f) Lattea | Саманчынын жолу | samantʃɪnɪn dʒolu |
| Orsa (f) Maggiore | Чоң Жетиген | tʃoŋ dʒetigen |
| Stella (f) Polare | Полярдык Жылдыз | polʲardɪk dʒɪldɪz |
| marziano (m) | марсианин | marsianin |
| extraterrestre (m) | инопланетянин | inoplanetʲanin |

| | | |
|---|---|---|
| alieno (m) | келгин | kelgin |
| disco (m) volante | учуучу табак | utʃuutʃu tabak |
| nave (f) spaziale | космос кемеси | kosmos kemesi |
| stazione (f) spaziale | орбитадагы станция | orbitadagı stantsija |
| lancio (m) | старт | start |
| motore (m) | кыймылдаткыч | kıjmıldatkıtʃ |
| ugello (m) | сопло | soplo |
| combustibile (m) | күйүүчү май | kyjyytʃy may |
| cabina (f) di pilotaggio | кабина | kabina |
| antenna (f) | антенна | antenna |
| oblò (m) | иллюминатор | illuminator |
| batteria (f) solare | күн батареясы | kyn batarejası |
| scafandro (m) | скафандр | skafandr |
| imponderabilità (f) | салмаксыздык | salmaksızdık |
| ossigeno (m) | кислород | kislorod |
| aggancio (m) | жалгаштыруу | dʒalgaʃtıruu |
| agganciarsi (vr) | жалгаштыруу | dʒalgaʃtıruu |
| osservatorio (m) | обсерватория | observatorija |
| telescopio (m) | телескоп | teleskop |
| osservare (vt) | байкоо | bajkoo |
| esplorare (vt) | изилдөө | izildøø |

## 123. La Terra

| | | |
|---|---|---|
| la Terra | Жер | dʒer |
| globo (m) terrestre | жер шары | dʒer ʃarı |
| pianeta (m) | планета | planeta |
| atmosfera (f) | атмосфера | atmosfera |
| geografia (f) | география | geografija |
| natura (f) | табийгат | tabijgat |
| mappamondo (m) | глобус | globus |
| carta (f) geografica | карта | karta |
| atlante (m) | атлас | atlas |
| Europa (f) | Европа | evropa |
| Asia (f) | Азия | azija |
| Africa (f) | Африка | afrika |
| Australia (f) | Австралия | avstralija |
| America (f) | Америка | amerika |
| America (f) del Nord | Северная Америка | severnaja amerika |
| America (f) del Sud | Южная Америка | judʒnaja amerika |
| Antartide (f) | Антарктида | antarktida |
| Artico (m) | Арктика | arktika |

## 124. Punti cardinali

| | | |
|---|---|---|
| nord (m) | түндүк | tyndyk |
| a nord | түндүккө | tyndykkø |
| al nord | түндүктө | tyndyktø |
| del nord (agg) | түндүк | tyndyk |
| | | |
| sud (m) | түштүк | tyʃtyk |
| a sud | түштүккө | tyʃtykkø |
| al sud | түштүктө | tyʃtyktø |
| del sud (agg) | түштүк | tyʃtyk |
| | | |
| ovest (m) | батыш | batıʃ |
| a ovest | батышка | batıʃka |
| all'ovest | батышта | batıʃta |
| dell'ovest, occidentale | батыш | batıʃ |
| | | |
| est (m) | чыгыш | ʧıgıʃ |
| a est | чыгышка | ʧıgıʃka |
| all'est | чыгышта | ʧıgıʃta |
| dell'est, orientale | чыгыш | ʧıgıʃ |

## 125. Mare. Oceano

| | | |
|---|---|---|
| mare (m) | деңиз | deŋiz |
| oceano (m) | мухит | muxit |
| golfo (m) | булуң | buluŋ |
| stretto (m) | кысык | kısık |
| | | |
| terra (f) (terra firma) | жер | dʒer |
| continente (m) | материк | materik |
| | | |
| isola (f) | арал | aral |
| penisola (f) | жарым арал | dʒarım aral |
| arcipelago (m) | архипелаг | arxipelag |
| | | |
| baia (f) | булуң | buluŋ |
| porto (m) | гавань | gavanʲ |
| laguna (f) | лагуна | laguna |
| capo (m) | тумшук | tumʃuk |
| | | |
| atollo (m) | атолл | atoll |
| scogliera (f) | риф | rif |
| corallo (m) | маржан | mardʒan |
| barriera (f) corallina | маржан рифи | mardʒan rifi |
| | | |
| profondo (agg) | терең | tereŋ |
| profondità (f) | тереңдик | tereŋdik |
| abisso (m) | түбү жок | tyby dʒok |
| fossa (f) (~ delle Marianne) | ойдуң | ojduŋ |
| | | |
| corrente (f) | агым | agım |
| circondare (vt) | курчап туруу | kurʧap turuu |

| | | |
|---|---|---|
| litorale (m) | жээк | dʒeek |
| costa (f) | жээк | dʒeek |
| | | |
| alta marea (f) | суунун көтөрүлүшү | suunun køtørylyʃy |
| bassa marea (f) | суунун тартылуусу | suunun tartıluusu |
| banco (m) di sabbia | тайыздык | tajızdık |
| fondo (m) | суунун түбү | suunun tyby |
| | | |
| onda (f) | толкун | tolkun |
| cresta (f) dell'onda | толкундун кыры | tolkundun kırı |
| schiuma (f) | көбүк | købyk |
| | | |
| tempesta (f) | бороон чапкын | boroon tʃapkın |
| uragano (m) | бороон | boroon |
| tsunami (m) | цунами | tsunami |
| bonaccia (f) | штиль | ʃtilʲ |
| tranquillo (agg) | тынч | tıntʃ |
| | | |
| polo (m) | уюл | ujɯl |
| polare (agg) | полярдык | polʲardık |
| | | |
| latitudine (f) | кеңдик | keŋdik |
| longitudine (f) | узундук | uzunduk |
| parallelo (m) | параллель | parallelʲ |
| equatore (m) | экватор | ekvator |
| | | |
| cielo (m) | асман | asman |
| orizzonte (m) | горизонт | gorizont |
| aria (f) | аба | aba |
| | | |
| faro (m) | маяк | majak |
| tuffarsi (vr) | сүңгүү | syŋgyy |
| affondare (andare a fondo) | чөгүп кетүү | tʃøgyp ketyy |
| tesori (m) | казына | kazına |

### 126. Nomi dei mari e degli oceani

| | | |
|---|---|---|
| Oceano (m) Atlantico | Атлантика мухити | atlantika muχiti |
| Oceano (m) Indiano | Индия мухити | indija muχiti |
| Oceano (m) Pacifico | Тынч мухити | tıntʃ muχiti |
| mar (m) Glaciale Artico | Түндүк Муз мухити | tyndyk muz muχiti |
| | | |
| mar (m) Nero | Кара деңиз | kara deŋiz |
| mar (m) Rosso | Кызыл деңиз | kızıl deŋiz |
| mar (m) Giallo | Сары деңиз | sarı deŋiz |
| mar (m) Bianco | Ак деңиз | ak deŋiz |
| | | |
| mar (m) Caspio | Каспий деңизи | kaspij deŋizi |
| mar (m) Morto | Өлүк деңиз | ølyk deŋiz |
| mar (m) Mediterraneo | Жер Ортолук деңиз | dʒer ortoluk deŋiz |
| | | |
| mar (m) Egeo | Эгей деңизи | egej deŋizi |
| mar (m) Adriatico | Адриатика деңизи | adriatika deŋizi |
| mar (m) Arabico | Аравия деңизи | aravija deŋizi |

| | | |
|---|---|---|
| mar (m) del Giappone | Япон деңизи | japon deŋizi |
| mare (m) di Bering | Беринг деңизи | bering deŋizi |
| mar (m) Cinese meridionale | Түштүк-Кытай деңизи | tyʃtyk-kıtaj deŋizi |
| | | |
| mar (m) dei Coralli | Маржан деңизи | mardʒan deŋizi |
| mar (m) di Tasman | Тасман деңизи | tasman deŋizi |
| mar (m) dei Caraibi | Кариб деңизи | karib deŋizi |
| | | |
| mare (m) di Barents | Баренц деңизи | barents deŋizi |
| mare (m) di Kara | Карск деңизи | karsk deŋizi |
| | | |
| mare (m) del Nord | Түндүк деңиз | tyndyk deŋiz |
| mar (m) Baltico | Балтика деңизи | baltika deŋizi |
| mare (m) di Norvegia | Норвегиялык деңизи | norvegijalık deŋizi |

## 127. Montagne

| | | |
|---|---|---|
| monte (m), montagna (f) | тоо | too |
| catena (f) montuosa | тоо тизмеги | too tizmegi |
| crinale (m) | тоо кыркалары | too kırkaları |
| | | |
| cima (f) | чоку | tʃoku |
| picco (m) | чоку | tʃoku |
| piedi (m pl) | тоо этеги | too etegi |
| pendio (m) | эңкейиш | eŋkejiʃ |
| | | |
| vulcano (m) | вулкан | vulkan |
| vulcano (m) attivo | күйүп жаткан | kyjyp dʒatkan |
| vulcano (m) inattivo | өчүп калган вулкан | øtʃyp kalgan vulkan |
| | | |
| eruzione (f) | атырылып чыгуу | atırılıp tʃıguu |
| cratere (m) | кратер | krater |
| magma (m) | магма | magma |
| lava (f) | лава | lava |
| fuso (lava ~a) | кызыган | kızıgan |
| | | |
| canyon (m) | каньон | kanʲon |
| gola (f) | капчыгай | kaptʃıgaj |
| crepaccio (m) | жарака | dʒaraka |
| precipizio (m) | жар | dʒar |
| | | |
| passo (m), valico (m) | ашуу | aʃuu |
| altopiano (m) | дөңсөө | døŋsøø |
| falesia (f) | зоока | zooka |
| collina (f) | дөбө | døbø |
| | | |
| ghiacciaio (m) | муз | muz |
| cascata (f) | шаркыратма | ʃarkıratma |
| geyser (m) | гейзер | gejzer |
| lago (m) | көл | køl |
| | | |
| pianura (f) | түздүк | tyzdyk |
| paesaggio (m) | теребел | terebel |
| eco (f) | жаңырык | dʒaŋırık |

| | | |
|---|---|---|
| alpinista (m) | альпинист | alʲpinist |
| scalatore (m) | скалолаз | skalolaz |
| conquistare (~ una cima) | багындыруу | bagındıruu |
| scalata (f) | тоонун чокусуна чыгуу | toonun ʧokusuna ʧıguu |

## 128. Nomi delle montagne

| | | |
|---|---|---|
| Alpi (f pl) | Альп тоолору | alʲp tooloru |
| Monte (m) Bianco | Монблан | monblan |
| Pirenei (m pl) | Пиреней тоолору | pirenej tooloru |
| | | |
| Carpazi (m pl) | Карпат тоолору | karpat tooloru |
| gli Urali (m pl) | Урал тоолору | ural tooloru |
| Caucaso (m) | Кавказ тоолору | kavkaz tooloru |
| Monte (m) Elbrus | Эльбрус | elʲbrus |
| | | |
| Monti (m pl) Altai | Алтай тоолору | altaj tooloru |
| Tien Shan (m) | Тянь-Шань | tjanʲ-ʃanʲ |
| Pamir (m) | Памир тоолору | pamir tooloru |
| Himalaia (m) | Гималай тоолору | gimalaj tooloru |
| Everest (m) | Эверест | everest |
| | | |
| Ande (f pl) | Анд тоолору | and tooloru |
| Kilimangiaro (m) | Килиманджаро | kilimandʒaro |

## 129. Fiumi

| | | |
|---|---|---|
| fiume (m) | дарыя | darıja |
| fonte (f) (sorgente) | булак | bulak |
| letto (m) (~ del fiume) | сай | saj |
| bacino (m) | бассейн | bassejn |
| sfociare nel ... | ... кую́ю | ... kujʉu |
| | | |
| affluente (m) | куйма | kujma |
| riva (f) | жээк | dʒeek |
| | | |
| corrente (f) | агым | agım |
| a valle | агым боюнча | agım bojʉnʧa |
| a monte | агымга каршы | agımga karʃı |
| | | |
| inondazione (f) | ташкын | taʃkın |
| piena (f) | суу ташкыны | suu taʃkını |
| straripare (vi) | дайранын ташышы | dajranın taʃıʃı |
| inondare (vt) | суу каптоо | suu kaptoo |
| | | |
| secca (f) | тайыздык | tajızdık |
| rapida (f) | босого | bosogo |
| | | |
| diga (f) | тогоон | togoon |
| canale (m) | канал | kanal |
| bacino (m) di riserva | суу сактагыч | suu saktagıʧ |
| chiusa (f) | шлюз | ʃlʉz |

| | | |
|---|---|---|
| specchio (m) d'acqua | көлмө | kølmø |
| palude (f) | саз | saz |
| pantano (m) | баткак | batkak |
| vortice (m) | айлампа | ajlampa |
| | | |
| ruscello (m) | суу | suu |
| potabile (agg) | ичилчү суу | iʧilʧy suu |
| dolce (di acqua ~) | тузсуз | tuzsuz |
| | | |
| ghiaccio (m) | муз | muz |
| ghiacciarsi (vr) | тоңуп калуу | toŋup kaluu |

## 130. Nomi dei fiumi

| | | |
|---|---|---|
| Senna (f) | Сена | sena |
| Loira (f) | Луара | luara |
| | | |
| Tamigi (m) | Темза | temza |
| Reno (m) | Рейн | rejn |
| Danubio (m) | Дунай | dunaj |
| | | |
| Volga (m) | Волга | volga |
| Don (m) | Дон | don |
| Lena (f) | Лена | lena |
| | | |
| Fiume (m) Giallo | Хуанхэ | χuanχe |
| Fiume (m) Azzurro | Янцзы | jantszı |
| Mekong (m) | Меконг | mekong |
| Gange (m) | Ганг | gang |
| | | |
| Nilo (m) | Нил | nil |
| Congo (m) | Конго | kongo |
| Okavango | Окаванго | okavango |
| Zambesi (m) | Замбези | zambezi |
| Limpopo (m) | Лимпопо | limpopo |
| Mississippi (m) | Миссисипи | missisipi |

## 131. Foresta

| | | |
|---|---|---|
| foresta (f) | токой | tokoj |
| forestale (agg) | токойлуу | tokojluu |
| | | |
| foresta (f) fitta | чытырман токой | ʧıtırman tokoj |
| boschetto (m) | токойчо | tokojʧo |
| radura (f) | аянт | ajant |
| | | |
| roveto (m) | бадал | badal |
| boscaglia (f) | бадал | badal |
| | | |
| sentiero (m) | чыйыр жол | ʧıjır dʒol |
| calanco (m) | жар | dʒar |
| albero (m) | дарак | darak |

| | | |
|---|---|---|
| foglia (f) | жалбырак | dʒalbırak |
| fogliame (m) | жалбырак | dʒalbırak |
| | | |
| caduta (f) delle foglie | жалбырак түшүү мезгили | dʒalbırak tyʃyy mezgili |
| cadere (vi) | түшүү | tyʃyy |
| cima (f) | чоку | tʃoku |
| | | |
| ramo (m), ramoscello (m) | бутак | butak |
| ramo (m) | бутак | butak |
| gemma (f) | бүчүр | bytʃyr |
| ago (m) | ийне | ijne |
| pigna (f) | тобурчак | toburtʃak |
| | | |
| cavità (f) | көңдөй | køŋdøj |
| nido (m) | уя | uja |
| tana (f) (del fox, ecc.) | ийин | ijin |
| | | |
| tronco (m) | сөңгөк | søŋgøk |
| radice (f) | тамыр | tamır |
| corteccia (f) | кыртыш | kırtıʃ |
| musco (m) | мох | moχ |
| | | |
| sradicare (vt) | дүмүрүн казуу | dymyryn kazuu |
| abbattere (~ un albero) | кыюу | kıjuu |
| disboscare (vt) | токойду кыюу | tokojdu kıjuu |
| ceppo (m) | дүмүр | dymyr |
| | | |
| falò (m) | от | ot |
| incendio (m) boschivo | өрт | ørt |
| spegnere (vt) | өчүрүү | øtʃyryy |
| | | |
| guardia (f) forestale | токойчу | tokojtʃu |
| protezione (f) | өсүмдүктөрдү коргоо | øsymdyktørdy korgoo |
| proteggere (~ la natura) | сактоо | saktoo |
| bracconiere (m) | браконьер | brakonjer |
| tagliola (f) (~ per orsi) | капкан | kapkan |
| | | |
| raccogliere (~ i funghi) | терүү | teryy |
| cogliere (~ le fragole) | терүү | teryy |
| perdersi (vr) | адашып кетүү | adaʃıp ketyy |

## 132. Risorse naturali

| | | |
|---|---|---|
| risorse (f pl) naturali | жаратылыш байлыктары | dʒaratılıʃ bajlıktarı |
| minerali (m pl) | пайдалуу кендер | pajdaluu kender |
| deposito (m) (~ di carbone) | кен | ken |
| giacimento (m) (~ petrolifero) | кендүү жер | kendyy dʒer |
| | | |
| estrarre (vt) | казуу | kazuu |
| estrazione (f) | казуу | kazuu |
| minerale (m) grezzo | кен | ken |
| miniera (f) | шахта | ʃaχta |
| pozzo (m) di miniera | шахта | ʃaχta |
| minatore (m) | кенчи | kentʃi |

| | | |
|---|---|---|
| gas (m) | газ | gaz |
| gasdotto (m) | газопровод | gazoprovod |
| | | |
| petrolio (m) | мунайзат | munajzat |
| oleodotto (m) | мунайзар түтүгү | munajzar tytygy |
| torre (f) di estrazione | мунайзат скважинасы | munajzat skvadʒinasɪ |
| torre (f) di trivellazione | мунайзат мунарасы | munajzat munarasɪ |
| petroliera (f) | танкер | tanker |
| | | |
| sabbia (f) | кум | kum |
| calcare (m) | акиташ | akitaʃ |
| ghiaia (f) | шагыл | ʃagɪl |
| torba (f) | торф | torf |
| argilla (f) | ылай | ɪlaj |
| carbone (m) | көмүр | kømyr |
| | | |
| ferro (m) | темир | temir |
| oro (m) | алтын | altɪn |
| argento (m) | күмүш | kymyʃ |
| nichel (m) | никель | nikelʲ |
| rame (m) | жез | dʒez |
| | | |
| zinco (m) | цинк | tsɪnk |
| manganese (m) | марганец | marganets |
| mercurio (m) | сымап | sɪmap |
| piombo (m) | коргошун | korgoʃun |
| | | |
| minerale (m) | минерал | mineral |
| cristallo (m) | кристалл | kristall |
| marmo (m) | мрамор | mramor |
| uranio (m) | уран | uran |

# La Terra. Parte 2

## 133. Tempo

| | | |
|---|---|---|
| tempo (m) | аба-ырайы | aba-ırajı |
| previsione (f) del tempo | аба-ырайы боюнча маалымат | aba-ırajı bojʉntʃa maalımat |
| temperatura (f) | температура | temperatura |
| termometro (m) | термометр | termometr |
| barometro (m) | барометр | barometr |
| umido (agg) | нымдуу | nımduu |
| umidità (f) | ным | nım |
| caldo (m), afa (f) | ысык | ısık |
| molto caldo (agg) | кыйын ысык | kıjın ısık |
| fa molto caldo | ысык | ısık |
| fa caldo | жылуу | dʒıluu |
| caldo, mite (agg) | жылуу | dʒıluu |
| fa freddo | суук | suuk |
| freddo (agg) | суук | suuk |
| sole (m) | күн | kyn |
| splendere (vi) | күн тийүү | kyn tijyy |
| di sole (una giornata ~) | күн ачык | kyn atʃık |
| sorgere, levarsi (vr) | чыгуу | tʃıguu |
| tramontare (vi) | батуу | batuu |
| nuvola (f) | булут | bulut |
| nuvoloso (agg) | булуттуу | buluttuu |
| nube (f) di pioggia | булут | bulut |
| nuvoloso (agg) | күн бүркөк | kyn byrkøk |
| pioggia (f) | жамгыр | dʒamgır |
| piove | жамгыр жаап жатат | dʒamgır dʒaap dʒatat |
| piovoso (agg) | жаандуу | dʒaanduu |
| piovigginare (vi) | дыбыратуу | dıbıratuu |
| pioggia (f) torrenziale | нөшөрлөгөн жаан | nøʃørløgøn dʒaan |
| acquazzone (m) | нөшөр | nøʃør |
| forte (una ~ pioggia) | катуу | katuu |
| pozzanghera (f) | көлчүк | køltʃyk |
| bagnarsi (~ sotto la pioggia) | суу болуу | suu boluu |
| foschia (f), nebbia (f) | туман | tuman |
| nebbioso (agg) | тумандуу | tumanduu |
| neve (f) | кар | kar |
| nevica | кар жаап жатат | kar dʒaap dʒatat |

## 134. Rigide condizioni metereologiche. Disastri naturali

| | | |
|---|---|---|
| temporale (m) | чагылгандуу жаан | tʃagılganduu dʒaan |
| fulmine (f) | чагылган | tʃagılgan |
| lampeggiare (vi) | жарк этүү | dʒark etyy |
| | | |
| tuono (m) | күн күркүрөө | kyn kyrkyrøø |
| tuonare (vi) | күн күркүрөө | kyn kyrkyrøø |
| tuona | күн күркүрөп жатат | kyn kyrkyrøp dʒatat |
| | | |
| grandine (f) | мөндүр | møndyr |
| grandina | мөндүр түшүп жатат | møndyr tyʃyp dʒatat |
| | | |
| inondare (vt) | суу каптоо | suu kaptoo |
| inondazione (f) | ташкын | taʃkın |
| | | |
| terremoto (m) | жер титирөө | dʒer titirøø |
| scossa (f) | жердин силкиниши | dʒerdin silkiniʃi |
| epicentro (m) | эпицентр | epitsentr |
| | | |
| eruzione (f) | атырылып чыгуу | atırılıp tʃıguu |
| lava (f) | лава | lava |
| | | |
| tromba (f) d'aria | куюн | kujʉn |
| tornado (m) | торнадо | tornado |
| tifone (m) | тайфун | tajfun |
| | | |
| uragano (m) | бороон | boroon |
| tempesta (f) | бороон чапкын | boroon tʃapkın |
| tsunami (m) | цунами | tsunami |
| | | |
| ciclone (m) | циклон | tsıklon |
| maltempo (m) | жаан-чачындуу күн | dʒaan-tʃatʃınduu kyn |
| incendio (m) | өрт | ørt |
| disastro (m) | кыйроо | kıjroo |
| meteorite (m) | метеорит | meteorit |
| | | |
| valanga (f) | көчкү | køtʃky |
| slavina (f) | кар көчкүсү | kar køtʃkysy |
| tempesta (f) di neve | кар бороону | kar boroonu |
| bufera (f) di neve | бурганак | burganak |

# Fauna

## 135. Mammiferi. Predatori

| | | |
|---|---|---|
| predatore (m) | жырткыч | dʒɪrtkɪtʃ |
| tigre (f) | жолборс | dʒolbors |
| leone (m) | арстан | arstan |
| lupo (m) | карышкыр | karıʃkır |
| volpe (m) | түлкү | tylky |

| | | |
|---|---|---|
| giaguaro (m) | ягуар | jaguar |
| leopardo (m) | леопард | leopard |
| ghepardo (m) | гепард | gepard |

| | | |
|---|---|---|
| pantera (f) | пантера | pantera |
| puma (f) | пума | puma |
| leopardo (m) delle nevi | илбирс | ilbirs |
| lince (f) | сүлөөсүн | syløøsyn |

| | | |
|---|---|---|
| coyote (m) | койот | kojot |
| sciacallo (m) | чөө | tʃøø |
| iena (f) | гиена | giena |

## 136. Animali selvatici

| | | |
|---|---|---|
| animale (m) | жаныбар | dʒanıbar |
| bestia (f) | жапайы жаныбар | dʒapajı dʒanıbar |

| | | |
|---|---|---|
| scoiattolo (m) | тыйын чычкан | tıjın tʃıtʃkan |
| riccio (m) | кирпичечен | kirpitʃetʃen |
| lepre (f) | коен | koen |
| coniglio (m) | коен | koen |

| | | |
|---|---|---|
| tasso (m) | кашкулак | kaʃkulak |
| procione (f) | енот | enot |
| criceto (m) | хомяк | χomʲak |
| marmotta (f) | суур | suur |

| | | |
|---|---|---|
| talpa (f) | момолой | momoloj |
| topo (m) | чычкан | tʃıtʃkan |
| ratto (m) | келемиш | kelemiʃ |
| pipistrello (m) | жарганат | dʒarganat |

| | | |
|---|---|---|
| ermellino (m) | арс чычкан | ars tʃıtʃkan |
| zibellino (m) | киш | kiʃ |
| martora (f) | суусар | suusar |
| donnola (f) | ласка | laska |
| visone (m) | норка | norka |

| | | |
|---|---|---|
| castoro (m) | кемчет | kemtʃet |
| lontra (f) | кундуз | kunduz |

| | | |
|---|---|---|
| cavallo (m) | жылкы | dʒılkı |
| alce (m) | багыш | bagıʃ |
| cervo (m) | бугу | bugu |
| cammello (m) | төө | tøø |

| | | |
|---|---|---|
| bisonte (m) americano | бизон | bizon |
| bisonte (m) europeo | зубр | zubr |
| bufalo (m) | буйвол | bujvol |

| | | |
|---|---|---|
| zebra (f) | зебра | zebra |
| antilope (f) | антилопа | antilopa |
| capriolo (m) | элик | elik |
| daino (m) | лань | lanʲ |
| camoscio (m) | жейрен | dʒejren |
| cinghiale (m) | каман | kaman |

| | | |
|---|---|---|
| balena (f) | кит | kit |
| foca (f) | тюлень | tʉlenʲ |
| tricheco (m) | морж | mordʒ |
| otaria (f) | деңиз мышыгы | deŋiz mıʃıgı |
| delfino (m) | дельфин | delʲfin |

| | | |
|---|---|---|
| orso (m) | аюу | ajʉu |
| orso (m) bianco | ак аюу | ak ajʉu |
| panda (m) | панда | panda |

| | | |
|---|---|---|
| scimmia (f) | маймыл | majmıl |
| scimpanzè (m) | шимпанзе | ʃimpanze |
| orango (m) | орангутанг | orangutang |
| gorilla (m) | горилла | gorilla |
| macaco (m) | макака | makaka |
| gibbone (m) | гиббон | gibbon |

| | | |
|---|---|---|
| elefante (m) | пил | pil |
| rinoceronte (m) | керик | kerik |
| giraffa (f) | жираф | dʒiraf |
| ippopotamo (m) | бегемот | begemot |

| | | |
|---|---|---|
| canguro (m) | кенгуру | kenguru |
| koala (m) | коала | koala |

| | | |
|---|---|---|
| mangusta (f) | мангуст | mangust |
| cincillà (f) | шиншилла | ʃinʃilla |
| moffetta (f) | скунс | skuns |
| istrice (m) | чүткөр | tʃytkør |

## 137. Animali domestici

| | | |
|---|---|---|
| gatta (f) | ургаачы мышык | urgaatʃı mıʃık |
| gatto (m) | эркек мышык | erkek mıʃık |
| cane (m) | ит | it |

| | | |
|---|---|---|
| cavallo (m) | жылкы | dʒılkı |
| stallone (m) | айгыр | ajgır |
| giumenta (f) | бээ | bee |
| | | |
| mucca (f) | уй | uj |
| toro (m) | бука | buka |
| bue (m) | өгүз | øgyz |
| | | |
| pecora (f) | кой | koj |
| montone (m) | кочкор | kotʃkor |
| capra (f) | эчки | etʃki |
| caprone (m) | теке | teke |
| | | |
| asino (m) | эшек | eʃek |
| mulo (m) | качыр | katʃır |
| | | |
| porco (m) | чочко | tʃotʃko |
| porcellino (m) | торопой | toropoj |
| coniglio (m) | коен | koen |
| | | |
| gallina (f) | тоок | took |
| gallo (m) | короз | koroz |
| | | |
| anatra (f) | өрдөк | ørdøk |
| maschio (m) dell'anatra | эркек өрдөк | erkek ørdøk |
| oca (f) | каз | kaz |
| | | |
| tacchino (m) | күрп | kyrp |
| tacchina (f) | ургаачы күрп | urgaatʃı kyrp |
| | | |
| animali (m pl) domestici | үй жаныбарлары | yj dʒanıbarları |
| addomesticato (agg) | колго үйрөтүлгөн | kolgo yjrøtylgøn |
| addomesticare (vt) | колго үйрөтүү | kolgo yjrøtyy |
| allevare (vt) | өстүрүү | østyryy |
| | | |
| fattoria (f) | ферма | ferma |
| pollame (m) | үй канаттулары | yj kanattuları |
| bestiame (m) | мал | mal |
| branco (m), mandria (f) | бада | bada |
| | | |
| scuderia (f) | аткана | atkana |
| porcile (m) | чочкокана | tʃotʃkokana |
| stalla (f) | уйкана | ujkana |
| conigliera (f) | коенкана | koenkana |
| pollaio (m) | тоокана | tookana |

## 138. Uccelli

| | | |
|---|---|---|
| uccello (m) | куш | kuʃ |
| colombo (m), piccione (m) | көгүчкөн | køgytʃkøn |
| passero (m) | таранчы | tarantʃı |
| cincia (f) | синица | sinitsa |
| gazza (f) | сагызган | sagızgan |
| corvo (m) | кузгун | kuzgun |

| cornacchia (f) | карга | karga |
| taccola (f) | таан | taan |
| corvo (m) nero | чаркарга | tʃarkarga |

| anatra (f) | өрдөк | ørdøk |
| oca (f) | каз | kaz |
| fagiano (m) | кыргоол | kırgool |

| aquila (f) | бүркүт | byrkyt |
| astore (m) | ителги | itelgi |
| falco (m) | шумкар | ʃumkar |
| grifone (m) | жору | dʒoru |
| condor (m) | кондор | kondor |

| cigno (m) | аккуу | akkuu |
| gru (f) | турна | turna |
| cicogna (f) | илегилек | ilegilek |

| pappagallo (m) | тотукуш | totukuʃ |
| colibrì (m) | колибри | kolibri |
| pavone (m) | тоос | toos |

| struzzo (m) | төө куш | tøø kuʃ |
| airone (m) | көк кытан | køk kıtan |
| fenicottero (m) | фламинго | flamingo |
| pellicano (m) | биргазан | birgazan |

| usignolo (m) | булбул | bulbul |
| rondine (f) | чабалекей | tʃabalekej |

| tordo (m) | таркылдак | tarkıldak |
| tordo (m) sasello | сайрагыч таркылдак | sajragıtʃ tarkıldak |
| merlo (m) | кара таңдай таркылдак | kara taŋdaj tarkıldak |

| rondone (m) | кардыгач | kardıgatʃ |
| allodola (f) | торгой | torgoj |
| quaglia (f) | бөдөнө | bødønø |

| picchio (m) | тоңкулдак | toŋkuldak |
| cuculo (m) | күкүк | kykyk |
| civetta (f) | мыкый үкү | mıkıj yky |
| gufo (m) reale | үкү | yky |
| urogallo (m) | керең кур | kereŋ kur |
| fagiano (m) di monte | кара кур | kara kur |
| pernice (f) | кекилик | kekilik |

| storno (m) | чыйырчык | tʃıjırtʃık |
| canarino (m) | канарейка | kanarejka |
| francolino (m) di monte | токой чили | tokoj tʃili |

| fringuello (m) | зяблик | zʲablik |
| ciuffolotto (m) | снегирь | snegirʲ |

| gabbiano (m) | ак чардак | ak tʃardak |
| albatro (m) | альбатрос | alʲbatros |
| pinguino (m) | пингвин | pingvin |

## 139. Pesci. Animali marini

| | | |
|---|---|---|
| abramide (f) | лещ | leʃtʃ |
| carpa (f) | карп | karp |
| perca (f) | окунь | okunʲ |
| pesce (m) gatto | жаян | dʒajan |
| luccio (m) | чортон | tʃorton |
| | | |
| salmone (m) | лосось | lososʲ |
| storione (m) | осётр | osʲotr |
| | | |
| aringa (f) | сельдь | selʲdʲ |
| salmone (m) | сёмга | sʲomga |
| scombro (m) | скумбрия | skumbrija |
| sogliola (f) | камбала | kambala |
| | | |
| lucioperca (f) | судак | sudak |
| merluzzo (m) | треска | treska |
| tonno (m) | тунец | tunets |
| trota (f) | форель | forelʲ |
| | | |
| anguilla (f) | угорь | ugorʲ |
| torpedine (f) | скат | skat |
| murena (f) | мурена | murena |
| piranha (f) | пиранья | piranja |
| | | |
| squalo (m) | акула | akula |
| delfino (m) | дельфин | delʲfin |
| balena (f) | кит | kit |
| | | |
| granchio (m) | краб | krab |
| medusa (f) | медуза | meduza |
| polpo (m) | сегиз бут | segiz but |
| | | |
| stella (f) marina | деңиз жылдызы | deŋiz dʒıldızı |
| riccio (m) di mare | деңиз кирписи | deŋiz kirpisi |
| cavalluccio (m) marino | деңиз тайы | deŋiz tajı |
| | | |
| ostrica (f) | устрица | ustritsa |
| gamberetto (m) | креветка | krevetka |
| astice (m) | омар | omar |
| aragosta (f) | лангуст | langust |

## 140. Anfibi. Rettili

| | | |
|---|---|---|
| serpente (m) | жылан | dʒılan |
| velenoso (agg) | уулуу | uuluu |
| | | |
| vipera (f) | кара чаар жылан | kara tʃaar dʒılan |
| cobra (m) | кобра | kobra |
| pitone (m) | питон | piton |
| boa (m) | удав | udav |
| biscia (f) | сары жылан | sarı dʒılan |

| | | |
|---|---|---|
| serpente (m) a sonagli | шакылдак жылан | ʃakıldak dʒılan |
| anaconda (f) | анаконда | anakonda |
| | | |
| lucertola (f) | кескелдирик | keskeldirik |
| iguana (f) | игуана | iguana |
| varano (m) | эчкемер | etʃkemer |
| salamandra (f) | саламандра | salamandra |
| camaleonte (m) | хамелеон | χameleon |
| scorpione (m) | чаян | tʃajan |
| | | |
| tartaruga (f) | ташбака | taʃbaka |
| rana (f) | бака | baka |
| rospo (m) | курбака | kurbaka |
| coccodrillo (m) | крокодил | krokodil |

## 141. Insetti

| | | |
|---|---|---|
| insetto (m) | курт-кумурска | kurt-kumurska |
| farfalla (f) | көпөлөк | køpøløk |
| formica (f) | кумурска | kumurska |
| mosca (f) | чымын | tʃımın |
| zanzara (f) | чиркей | tʃirkej |
| scarabeo (m) | коңуз | koŋuz |
| | | |
| vespa (f) | аары | aarı |
| ape (f) | бал аары | bal aarı |
| bombo (m) | жапан аары | dʒapan aarı |
| tafano (m) | көгөөн | køgøøn |
| | | |
| ragno (m) | жөргөмүш | dʒørgømyʃ |
| ragnatela (f) | желе | dʒele |
| | | |
| libellula (f) | ийнелик | ijnelik |
| cavalletta (f) | чегиртке | tʃegirtke |
| farfalla (f) notturna | көпөлөк | køpøløk |
| | | |
| scarafaggio (m) | таракан | tarakan |
| zecca (f) | кене | kene |
| pulce (f) | бүргө | byrgø |
| moscerino (m) | майда чымын | majda tʃımın |
| | | |
| locusta (f) | чегиртке | tʃegirtke |
| lumaca (f) | үлүл | ylyl |
| grillo (m) | кара чегиртке | kara tʃegirtke |
| lucciola (f) | жалтырак коңуз | dʒaltırak koŋuz |
| coccinella (f) | айланкөчөк | ajlankøtʃøk |
| maggiolino (m) | саратан коңуз | saratan koŋuz |
| | | |
| sanguisuga (f) | сүлүк | sylyk |
| bruco (m) | каз таман | kaz taman |
| verme (m) | жер курту | dʒer kurtu |
| larva (f) | курт | kurt |

# Flora

## 142. Alberi

| | | |
|---|---|---|
| albero (m) | дарак | darak |
| deciduo (agg) | жалбырактуу | dʒalbıraktuu |
| conifero (agg) | ийне жалбырактуулар | ijne dʒalbıraktuular |
| sempreverde (agg) | дайым жашыл | dajım dʒaʃıl |
| | | |
| melo (m) | алма бак | alma bak |
| pero (m) | алмурут бак | almurut bak |
| ciliegio (m) | гилас | gilas |
| amareno (m) | алча | altʃa |
| prugno (m) | кара өрүк | kara øryk |
| | | |
| betulla (f) | ак кайың | ak kajıŋ |
| quercia (f) | эмен | emen |
| tiglio (m) | жөкө дарак | dʒøkø darak |
| pioppo (m) tremolo | бай терек | baj terek |
| acero (m) | клён | klʲon |
| abete (m) | кара карагай | kara karagaj |
| pino (m) | карагай | karagaj |
| larice (m) | лиственница | listvennitsa |
| abete (m) bianco | пихта | piχta |
| cedro (m) | кедр | kedr |
| | | |
| pioppo (m) | терек | terek |
| sorbo (m) | четин | tʃetin |
| salice (m) | мажүрүм тал | madʒyrym tal |
| alno (m) | ольха | olʲχa |
| faggio (m) | бук | buk |
| olmo (m) | кара жыгач | kara dʒıgatʃ |
| frassino (m) | ясень | jasenʲ |
| castagno (m) | каштан | kaʃtan |
| | | |
| magnolia (f) | магнолия | magnolija |
| palma (f) | пальма | palʲma |
| cipresso (m) | кипарис | kiparis |
| | | |
| mangrovia (f) | мангро дарагы | mangro daragı |
| baobab (m) | баобаб | baobab |
| eucalipto (m) | эвкалипт | evkalipt |
| sequoia (f) | секвойя | sekvoja |

## 143. Arbusti

| | | |
|---|---|---|
| cespuglio (m) | бадал | badal |
| arbusto (m) | бадал | badal |

| | | |
|---|---|---|
| vite (f) | жүзүм | dʒyzym |
| vigneto (m) | жүзүмдүк | dʒyzymdyk |
| | | |
| lampone (m) | дан куурай | dan kuuraj |
| ribes (m) nero | кара карагат | kara karagat |
| ribes (m) rosso | кызыл карагат | kızıl karagat |
| uva (f) spina | крыжовник | krıdʒovnik |
| | | |
| acacia (f) | акация | akatsija |
| crespino (m) | бөрү карагат | børy karagat |
| gelsomino (m) | жасмин | dʒasmin |
| | | |
| ginepro (m) | кара арча | kara artʃa |
| roseto (m) | роза бадалы | roza badalı |
| rosa (f) canina | ит мурун | it murun |

## 144. Frutti. Bacche

| | | |
|---|---|---|
| frutto (m) | мөмө-жемиш | mømø-dʒemiʃ |
| frutti (m pl) | мөмө-жемиш | mømø-dʒemiʃ |
| | | |
| mela (f) | алма | alma |
| pera (f) | алмурут | almurut |
| prugna (f) | кара өрүк | kara øryk |
| | | |
| fragola (f) | кулпунай | kulpunaj |
| amarena (f) | алча | altʃa |
| ciliegia (f) | гилас | gilas |
| uva (f) | жүзүм | dʒyzym |
| | | |
| lampone (m) | дан куурай | dan kuuraj |
| ribes (m) nero | кара карагат | kara karagat |
| ribes (m) rosso | кызыл карагат | kızıl karagat |
| uva (f) spina | крыжовник | krıdʒovnik |
| mirtillo (m) di palude | клюква | klʉkva |
| | | |
| arancia (f) | апельсин | apelʲsin |
| mandarino (m) | мандарин | mandarin |
| ananas (m) | ананас | ananas |
| banana (f) | банан | banan |
| dattero (m) | курма | kurma |
| | | |
| limone (m) | лимон | limon |
| albicocca (f) | өрүк | øryk |
| pesca (f) | шабдаалы | ʃabdaalı |
| | | |
| kiwi (m) | киви | kivi |
| pompelmo (m) | грейпфрут | grejpfrut |
| | | |
| bacca (f) | жер жемиш | dʒer dʒemiʃ |
| bacche (f pl) | жер жемиштер | dʒer dʒemiʃter |
| mirtillo (m) rosso | брусника | brusnika |
| fragola (f) di bosco | кызылгат | kızılgat |
| mirtillo (m) | кара моюл | kara mojʉl |

## 145. Fiori. Piante

| | | |
|---|---|---|
| fiore (m) | гүл | gyl |
| mazzo (m) di fiori | дасте | deste |
| | | |
| rosa (f) | роза | roza |
| tulipano (m) | жоогазын | dʒoogazın |
| garofano (m) | гвоздика | gvozdika |
| gladiolo (m) | гладиолус | gladiolus |
| | | |
| fiordaliso (m) | ботокөз | botokøz |
| campanella (f) | коңгуроо гүл | koŋguroo gyl |
| soffione (m) | каакым-кукум | kaakım-kukum |
| camomilla (f) | ромашка | romaʃka |
| | | |
| aloe (m) | алоэ | aloe |
| cactus (m) | кактус | kaktus |
| ficus (m) | фикус | fikus |
| | | |
| giglio (m) | лилия | lilija |
| geranio (m) | герань | geranʲ |
| giacinto (m) | гиацинт | giatsint |
| | | |
| mimosa (f) | мимоза | mimoza |
| narciso (m) | нарцисс | nartsiss |
| nasturzio (m) | настурция | nasturtsija |
| | | |
| orchidea (f) | орхидея | orχideja |
| peonia (f) | пион | pion |
| viola (f) | бинапша | binapʃa |
| | | |
| viola (f) del pensiero | алагүл | alagyl |
| nontiscordardimé (m) | незабудка | nezabudka |
| margherita (f) | маргаритка | margaritka |
| | | |
| papavero (m) | кызгалдак | kızgaldak |
| canapa (f) | наша | naʃa |
| menta (f) | жалбыз | dʒalbız |
| | | |
| mughetto (m) | ландыш | landıʃ |
| bucaneve (m) | байчечекей | bajtʃetʃekej |
| | | |
| ortica (f) | чалкан | tʃalkan |
| acetosa (f) | ат кулак | at kulak |
| ninfea (f) | чөмүч баш | tʃømytʃ baʃ |
| felce (f) | папоротник | paporotnik |
| lichene (m) | лишайник | liʃajnik |
| | | |
| serra (f) | күнөскана | kynøskana |
| prato (m) erboso | газон | gazon |
| aiuola (f) | клумба | klumba |
| | | |
| pianta (f) | өсүмдүк | øsymdyk |
| erba (f) | чөп | tʃøp |
| filo (m) d'erba | бир тал чөп | bir tal tʃøp |

| | | |
|---|---|---|
| foglia (f) | жалбырак | dʒalbırak |
| petalo (m) | гүлдүн желекчеси | gyldyn dʒelektʃesi |
| stelo (m) | сабак | sabak |
| tubero (m) | жемиш тамыр | dʒemiʃ tamır |
| | | |
| germoglio (m) | өсмө | øsmø |
| spina (f) | тикен | tiken |
| | | |
| fiorire (vi) | гүлдөө | gyldøø |
| appassire (vi) | соолуу | sooluu |
| odore (m), profumo (m) | жыт | dʒıt |
| tagliare (~ i fiori) | кесүү | kesyy |
| cogliere (vt) | үзүү | yzyy |

## 146. Cereali, granaglie

| | | |
|---|---|---|
| grano (m) | дан | dan |
| cereali (m pl) | дан эгиндери | dan eginderi |
| spiga (f) | машак | maʃak |
| | | |
| frumento (m) | буудай | buudaj |
| segale (f) | кара буудай | kara buudaj |
| avena (f) | сулу | sulu |
| miglio (m) | таруу | taruu |
| orzo (m) | арпа | arpa |
| | | |
| mais (m) | жүгөрү | dʒygøry |
| riso (m) | күрүч | kyrytʃ |
| grano (m) saraceno | гречиха | gretʃixa |
| | | |
| pisello (m) | нокот | nokot |
| fagiolo (m) | төө буурчак | tøø buurtʃak |
| soia (f) | соя | soja |
| lenticchie (f pl) | жасмык | dʒasmık |
| fave (f pl) | буурчак | buurtʃak |

# PAESI. NAZIONALITÀ

## 147. Europa occidentale

| | | |
|---|---|---|
| Europa (f) | Европа | evropa |
| Unione (f) Europea | Европа Биримдиги | evropa birimdigi |
| | | |
| Austria (f) | Австрия | avstrija |
| Gran Bretagna (f) | Улуу Британия | uluu britanija |
| Inghilterra (f) | Англия | anglija |
| Belgio (m) | Бельгия | belʲgija |
| Germania (f) | Германия | germanija |
| | | |
| Paesi Bassi (m pl) | Нидерланддар | niderlanddar |
| Olanda (f) | Голландия | gollandija |
| Grecia (f) | Греция | gretsija |
| Danimarca (f) | Дания | danija |
| Irlanda (f) | Ирландия | irlandija |
| Islanda (f) | Исландия | islandija |
| | | |
| Spagna (f) | Испания | ispanija |
| Italia (f) | Италия | italija |
| Cipro (m) | Кипр | kipr |
| Malta (f) | Мальта | malʲta |
| | | |
| Norvegia (f) | Норвегия | norvegija |
| Portogallo (f) | Португалия | portugalija |
| Finlandia (f) | Финляндия | finlʲandija |
| Francia (f) | Франция | frantsija |
| | | |
| Svezia (f) | Швеция | ʃvetsija |
| Svizzera (f) | Швейцария | ʃvejtsarija |
| Scozia (f) | Шотландия | ʃotlandija |
| | | |
| Vaticano (m) | Ватикан | vatikan |
| Liechtenstein (m) | Лихтенштейн | lixtenʃtejn |
| Lussemburgo (m) | Люксембург | lʉksemburg |
| Monaco (m) | Монако | monako |

## 148. Europa centrale e orientale

| | | |
|---|---|---|
| Albania (f) | Албания | albanija |
| Bulgaria (f) | Болгария | bolgarija |
| Ungheria (f) | Венгрия | vengrija |
| Lettonia (f) | Латвия | latvija |
| | | |
| Lituania (f) | Литва | litva |
| Polonia (f) | Польша | polʲʃa |

| Romania (f) | Румыния | rumınija |
| Serbia (f) | Сербия | serbija |
| Slovacchia (f) | Словакия | slovakija |

| Croazia (f) | Хорватия | χorvatija |
| Repubblica (f) Ceca | Чехия | tʃeχija |
| Estonia (f) | Эстония | estonija |

| Bosnia-Erzegovina (f) | Босния жана | bosnija dʒana |
| Macedonia (f) | Македония | makedonija |
| Slovenia (f) | Словения | slovenija |
| Montenegro (m) | Черногория | tʃernogorija |

## 149. Paesi dell'ex Unione Sovietica

| Azerbaigian (m) | Азербайжан | azerbajdʒan |
| Armenia (f) | Армения | armenija |

| Bielorussia (f) | Беларусь | belarusʲ |
| Georgia (f) | Грузия | gruzija |
| Kazakistan (m) | Казакстан | kazakstan |
| Kirghizistan (m) | Кыргызстан | kırgızstan |
| Moldavia (f) | Молдова | moldova |

| Russia (f) | Россия | rossija |
| Ucraina (f) | Украина | ukraina |

| Tagikistan (m) | Тажикистан | tadʒikistan |
| Turkmenistan (m) | Туркмения | turkmenija |
| Uzbekistan (m) | Өзбекистан | øzbekistan |

## 150. Asia

| Asia (f) | Азия | azija |
| Vietnam (m) | Вьетнам | vjetnam |
| India (f) | Индия | indija |
| Israele (m) | Израиль | izrailʲ |

| Cina (f) | Кытай | kıtaj |
| Libano (m) | Ливан | livan |
| Mongolia (f) | Монголия | mongolija |

| Malesia (f) | Малазия | malazija |
| Pakistan (m) | Пакистан | pakistan |

| Arabia Saudita (f) | Сауд Аравиясы | saud aravijası |
| Tailandia (f) | Таиланд | tailand |
| Taiwan (m) | Тайвань | tajvanʲ |
| Turchia (f) | Түркия | tyrkija |
| Giappone (m) | Япония | japonija |
| Afghanistan (m) | Ооганстан | ooganstan |
| Bangladesh (m) | Бангладеш | bangladeʃ |

| | | |
|---|---|---|
| Indonesia (f) | Индонезия | indonezija |
| Giordania (f) | Иордания | iordanija |
| | | |
| Iraq (m) | Ирак | irak |
| Iran (m) | Иран | iran |
| Cambogia (f) | Камбожа | kambodʒa |
| Kuwait (m) | Кувейт | kuvejt |
| | | |
| Laos (m) | Лаос | laos |
| Birmania (f) | Мьянма | mjanma |
| Nepal (m) | Непал | nepal |
| Emirati (m pl) Arabi | Бириккен Араб Эмираттары | birikken arab emirattarı |
| | | |
| Siria (f) | Сирия | sirija |
| Palestina (f) | Палестина | palestina |
| | | |
| Corea (f) del Sud | Түштүк Корея | tyʃtyk koreja |
| Corea (f) del Nord | Түндүк Корея | tundyk koreja |

## 151. America del Nord

| | | |
|---|---|---|
| Stati (m pl) Uniti d'America | Америка Кошмо Штаттары | amerika koʃmo ʃtattarı |
| Canada (m) | Канада | kanada |
| Messico (m) | Мексика | meksika |

## 152. America centrale e America del Sud

| | | |
|---|---|---|
| Argentina (f) | Аргентина | argentina |
| Brasile (m) | Бразилия | brazilija |
| Colombia (f) | Колумбия | kolumbija |
| | | |
| Cuba (f) | Куба | kuba |
| Cile (m) | Чили | tʃili |
| | | |
| Bolivia (f) | Боливия | bolivija |
| Venezuela (f) | Венесуэла | venesuela |
| | | |
| Paraguay (m) | Парагвай | paragvaj |
| Perù (m) | Перу | peru |
| | | |
| Suriname (m) | Суринам | surinam |
| Uruguay (m) | Уругвай | urugvaj |
| Ecuador (m) | Эквадор | ekvador |
| | | |
| Le Bahamas | Багам аралдары | bagam araldarı |
| Haiti (m) | Гаити | gaiti |
| | | |
| Repubblica (f) Dominicana | Доминикан Республикасы | dominikan respublikası |
| Panama (m) | Панама | panama |
| Giamaica (f) | Ямайка | jamajka |

## 153. Africa

| | | |
|---|---|---|
| Egitto (m) | Египет | egipet |
| Marocco (m) | Марокко | marokko |
| Tunisia (f) | Тунис | tunis |
| | | |
| Ghana (m) | Гана | gana |
| Zanzibar | Занзибар | zanzibar |
| Kenya (m) | Кения | kenija |
| Libia (f) | Ливия | livija |
| Madagascar (m) | Мадагаскар | madagaskar |
| | | |
| Namibia (f) | Намибия | namibija |
| Senegal (m) | Сенегал | senegal |
| Tanzania (f) | Танзания | tanzanija |
| Repubblica (f) Sudafricana | ТАР | tar |

## 154. Australia. Oceania

| | | |
|---|---|---|
| Australia (f) | Австралия | avstralija |
| Nuova Zelanda (f) | Жаңы Зеландия | dʒaŋı zelandija |
| | | |
| Tasmania (f) | Тасмания | tasmanija |
| Polinesia (f) Francese | Француз Полинезиясы | frantsuz polinezijası |

## 155. Città

| | | |
|---|---|---|
| L'Aia | Гаага | gaaga |
| Amburgo | Гамбург | gamburg |
| Amsterdam | Амстердам | amsterdam |
| Ankara | Анкара | ankara |
| Atene | Афина | afina |
| L'Avana | Гавана | gavana |
| | | |
| Baghdad | Багдад | bagdad |
| Bangkok | Бангкок | bangkok |
| Barcellona | Барселона | barselona |
| Beirut | Бейрут | bejrut |
| Berlino | Берлин | berlin |
| | | |
| Bombay, Mumbai | Бомбей | bombej |
| Bonn | Бонн | bonn |
| Bordeaux | Бордо | bordo |
| Bratislava | Братислава | bratislava |
| Bruxelles | Брюссель | brusselʲ |
| Bucarest | Бухарест | buxarest |
| Budapest | Будапешт | budapeʃt |
| | | |
| Il Cairo | Каир | kair |
| Calcutta | Калькутта | kalʲkutta |
| Chicago | Чикаго | tʃikago |

| | | |
|---|---|---|
| Città del Messico | Мехико | meχiko |
| Copenaghen | Копенгаген | kopengagen |
| | | |
| Dar es Salaam | Дар-эс-Салам | dar-es-salam |
| Delhi | Дели | deli |
| Dubai | Дубай | dubaj |
| Dublino | Дублин | dublin |
| Düsseldorf | Дюссельдорф | dusselʲdorf |
| | | |
| Firenze | Флоренция | florentsija |
| Francoforte | Франкфурт | frankfurt |
| Gerusalemme | Иерусалим | ierusalim |
| Ginevra | Женева | dʒeneva |
| | | |
| Hanoi | Ханой | χanoj |
| Helsinki | Хельсинки | χelʲsinki |
| Hiroshima | Хиросима | χirosima |
| Hong Kong | Гонконг | gonkong |
| Istanbul | Стамбул | stambul |
| Kiev | Киев | kiev |
| Kuala Lumpur | Куала-Лумпур | kuala-lumpur |
| | | |
| Lione | Лион | lion |
| Lisbona | Лиссабон | lissabon |
| Londra | Лондон | london |
| Los Angeles | Лос-Анджелес | los-andʒeles |
| | | |
| Madrid | Мадрид | madrid |
| Marsiglia | Марсель | marselʲ |
| Miami | Майями | majami |
| Monaco di Baviera | Мюнхен | munχen |
| Montreal | Монреаль | monrealʲ |
| Mosca | Москва | moskva |
| | | |
| Nairobi | Найроби | najrobi |
| Napoli | Неаполь | neapolʲ |
| New York | Нью-Йорк | nju-jork |
| Nizza | Ницца | nitstsa |
| | | |
| Oslo | Осло | oslo |
| Ottawa | Оттава | ottava |
| Parigi | Париж | paridʒ |
| Pechino | Пекин | pekin |
| Praga | Прага | praga |
| Rio de Janeiro | Рио-де-Жанейро | rio-de-dʒanejro |
| Roma | Рим | rim |
| | | |
| San Pietroburgo | Санкт-Петербург | sankt-peterburg |
| Seoul | Сеул | seul |
| Shanghai | Шанхай | ʃanχaj |
| Sidney | Сидней | sidnej |
| Singapore | Сингапур | singapur |
| Stoccolma | Стокгольм | stokgolʲm |
| | | |
| Taipei | Тайпей | tajpej |
| Tokio | Токио | tokio |

| | | |
|---|---|---|
| Toronto | **Торонто** | toronto |
| Varsavia | **Варшава** | varʃava |
| Venezia | **Венеция** | venetsija |
| Vienna | **Вена** | vena |
| Washington | **Вашингтон** | waʃington |

www.ingramcontent.com/pod-product-compliance
Lightning Source LLC
Chambersburg PA
CBHW070600050426
42450CB00011B/2923